British School at Rome Archive, 3

LUTYENS IN ITALY
The building of the British School at Rome

Hugh Petter

with a foreword by
Colin Amery

Italian translation by
Beatrice Gelosia

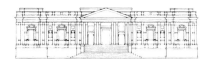

British School at Rome
1992

© 1992 British School at Rome

Published by The British School at Rome
Regent's College, Inner Circle,
Regent's Park, London NW1 4NS

The British School at Rome
Piazzale Winston Churchill 5
00197 Roma

ISBN 0-904152-21-9
ISSN 0965-8572

Cover: original watercolour by Alexander Creswell

CONTENTS
INDICE

When Edwin Lutyens was commissioned to design the British Pavilion for the international exhibition that was to be held in Rome in 1911 – it gave him his first opportunity to visit Italy for a preparatory tour. As Hugh Petter says in this excellent book, Lutyens, who was to become one of England's greatest architects, had to undertake a kind of lightning Grand Tour to absorb the classical glories of Italy. His almost daily letters home to his wife from that period, many of which are quoted here, show a childlike enthusiasm for architecture which never left him.

"I don't know where to begin or how to describe what I have seen. St. Peter's, various churches, the Capitol, Medici, other palaces, the Forum, ... There is so much here in little ways of things I thought I had invented! no wonder people think I must have been in Italy. Perhaps I have but it was not Rome. I have no internal ronge [i.e. a family word meaning memory] and nothing comes in the least where I expect it. My old friends stand in the most unexpected places and in the oddest relation to each other." (Letter from Sir Edwin Lutyens to his wife Lady Emily from Rome, 1909.

This story of the creation of the British School so clearly told by Hugh Petter has as its sub-text the growth of Lutyens's skill as a classical architect. I have always felt that Lutyens was not, as is so often said, merely a vernacular architect at the beginning of his career. While he was wandering around the Surrey countryside as a young man learning how to build by watching craftsmen at work, he was also inventing palaces in his head. One of his earliest sketch books shows a great palace that was one day to be built as the Viceroy's House in New Delhi. His early impressions of Italy show us that he saw himself at least the equal of the great architects of the Italian Renaissance. He had that imaginative sensibility that seemed to tune him in to the past. But it was not a past that was over – Lutyens saw Italy as providing images of how the world could be. When he saw Pisa for the first time he wrote, "white marble buildings with lovely red roofs against great blue hills lit by the setting sun ... lovely. Just what the world ought to be." He was not modest – the sight of the Carrara mountains impressed him by their size, "Just passed the Carara mountains where the white marble of that name comes from. There is lots! left for me."

Hugh Petter is right when he says that for Lutyens the development of the classical language was a serious business – something that could not be easily learned. Lutyens had the gift of understanding through looking

L'incarico assegnato ad Edwin Lutyens di disegnare il padiglione britannico per l'Esposizione Internazionale che doveva svolgersi a Roma nel 1911, diede all'architetto la prima opportunità di visitare l'Italia per un viaggio di studio. Come Hugh Petter espone in questo suo eccellente lavoro, Lutyens, che sarebbe diventato uno dei più grandi architetti d'Inghilterra, dovette intraprendere una specie di Grand Tour lampo per fare suoi gli splendori classici italiani. Le lettere inviate quasi quotidianamente alla moglie durante quel periodo, molte delle quali qui citate, evidenziano quel candido entusiasmo per l'architettura che non lo abbandonerà mai.

"Non so da dove cominciare o come descrivere quello che ho visto. S. Pietro, altre chiese, il Campidoglio, Villa Medici, altri palazzi, il Foro,.... Ci sono tante di quelle cose qui che io invece avevo pensato di aver inventato! Nessuna meraviglia che la gente pensi che io sono già stato in Italia. O forse ci sono stato, ma non era Roma. Non ne ho memoria interiore e niente si trova dove io mi aspettavo che fosse. Le mie vecchie conoscenze spuntano nei posti più impensati e con relazioni reciproche delle più insolite." (Da una lettera di Sir Edwin Lutyens alla moglie Lady Emily spedita da Roma nel 1909).

La storia della creazione della British School, narrata con tanta chiarezza da Hugh Petter, ha come significato recondito l'evoluzione della maestria di Lutyens come architetto classico. Ho sempre pensato che Lutyens non fosse, all'inizio della sua carriera, un architetto puramente vernacolare, come è invece così spesso definito. Andando in giro per la campagna del Surrey da giovane, cercando di imparare, attraverso l'osservazione degli artigiani al lavoro, la tecnica della costruzione, egli andava anche creando nella sua mente i suoi palazzi. Uno dei suoi primi album per schizzi comprende un maestoso palazzo che venne un giorno realizzato come Casa del Vicerè a Nuova Delhi. Le impressioni iniziali avute nei riguardi dell'Italia ci dimostrano come egli si considerasse almeno al pari dei grandi architetti del Rinascimento italiano. Egli possedeva quella sensibilità dell'immaginazione che sembrava porlo in sintonia con il passato. Ma non un passato finito — infatti l'Italia dava a Lutyens la raffigurazione mentale di come il mondo avrebbe potuto essere. Quando vide Pisa per la prima volta scrisse: "edifici di marmo bianco con deliziosi tetti rossi contro grandi colline blu accese dal sole al tramonto.... incantevole. Proprio quello che il mondo dovrebbe essere". Non era modesto — la vista delle montagne di Carrara lo impressionò per la grandezza: "Ho appena visto le

and drawing and abstracting the essence of classicism. The British Pavilion, later the British School, is an early exercise in the interpretation of the architecture of Sir Christopher Wren. It is skilful and curious – presenting an English face to the world with a relaxed Italian cortile on the inside. But Lutyens was to move on from what he called the Wrenaissance to an inventive and subtle form of classicism that was entirely his own.

The war memorials of the First World War stand like abstract sentinels to the power of geometry. The originality of his architecture of New Delhi demonstrates a successful fusion between Mogul architecture and Western classicism that initially must have appeared to be impossible. His ultimate classical achievement, which he was still working on when he died, is the unbuilt Roman Catholic Cathedral of Christ the King in Liverpool. Here we can see that he had moved classicism into a new realm – his exercises in the play of the arch and the dome are as pure and complex as anything in the ancient world. He believed in what he called "real noble beauty" – for him the British School represents just one of the important foothills of classicism. Equally important for Lutyens were the impressions he recorded and retained of the elemental beauties of Italy.

Rome stayed with Lutyens, in his imagination, for the whole of his working life. It can be no coincidence that his cathedral for Liverpool was a great development of St. Peter's in Rome. For him architecture occupied an international empire with its own classical language. He loved the idea of young English men coming to the British School to dip their toes in the classical waters of Rome. His great flight of steps that lead down from the façade of the British School takes students from the Englishness inspired by Wren to the sources of classicism that can only be found in the City of Rome itself.

Colin Amery
London 1992

montagne di Carrara, da cui proviene il marmo bianco con lo stesso nome. Ce n'è tanto ! rimasto per me".

Ha ragione Hugh Petter quando dice che per Lutyens l'evoluzione del linguaggio classico era un affare serio — qualcosa che non si poteva imparare facilmente. Lutyens aveva il dono di capire attraverso l'osservazione ed il disegno e di astrarre l'essenza del classicismo. Il padiglione britannico, poi diventato la British School, è un esercizio preliminare di interpretazione dell'architettura di Sir Christopher Wren. E' ben realizzato ma strano — presenta al mondo una facciata inglese racchiudendo all'interno un disinvolto cortile italiano. Ma Lutyens si sarebbe staccato da quella che lui chiamò la Wrenaissance volgendosi ad una forma di classicismo fantasiosa e ricercata completamente sua.

I monumenti ai caduti della Prima Guerra Mondiale fanno da sentinelle astratte al potere della geometria. L'originalità della sua opera architettonica a Nuova Delhi dimostra come sia stato possibile fondere con successo l'architettura indiana ed il classicismo occidentale, anche se inizialmente deve essere sembrato impossibile. La sua ultima impresa classica, alla quale stava ancora lavorando quando morì, è la Cattedrale Cattolica Romana del Cristo Re a Liverpool, mai costruita. In questo lavoro si può notare come egli abbia dato al classicismo un nuovo regno — le sue esercitazioni nel gioco dell'arco e della volta sono tanto pure e complesse quanto quelle del mondo antico. Egli credeva in ciò che definiva "pura e nobile bellezza" — per lui la British School rappresenta solo una tra le cime di rilievo del classicismo. Nella stessa misura furono importanti per Lutyens le impressioni che serbò e registrò sulle principali bellezze italiane.

Roma rimase con Lutyens, nella sua immaginazione, per tutto il resto della sua vita lavorativa. Non può essere una coincidenza che la sua cattedrale per Liverpool sia un'eccellente evoluzione di S. Pietro a Roma. Secondo lui l'architettura, con il suo proprio linguaggio classico, aveva occupato un impero internazionale. Gli piaceva l'idea che giovani ragazzi inglesi potessero venire alla British School ad immergere la punta dei piedi nelle acque classiche di Roma. Il suo imponente volo di gradini discendenti dalla facciata della British School trascina gli studenti dallo stile prettamente inglese ispirato a Wren, alle origini del classicismo, che possono essere ritrovate solo nella città di Roma.

Colin Amery
Londra 1992

This book traces the history of the building of the British School at Rome, the only work in Italy of one of Britain's finest architects, Sir Edwin Lutyens PRA. The text is divided into several parts, of which the first describes the British pavilion at the 1911 Exhibition in Rome, the success of which led to the donation of both the site by the municipality, and the building by the contractor, for the establishment of a permanent institution. The second part outlines the circumstances surrounding the decision by the Commissioners of the 1851 Exhibition to set up a series of art and architecture Scholarships in Rome. It then describes how this idea was realised, once the site in the Valle Giulia was made available, at the end of the 1911 Exhibition. The third part traces the various phases of the construction of the building, and the final part, an epilogue, assesses the significance of the commission in the career of Lutyens.

Numerous people have been of great assistance in the preparation of this book. In particular I offer my sincere thanks to Dr Richard Hodges, Director of the British School, who first sowed the seed in my mind; Amanda Claridge, the Assistant Director, and Valerie Scott, the Librarian, who have been constant sources of encouragement and advice and Beatrice Gelosia who kindly agreed to translate the text into Italian. I am grateful to Dr Gillian Clark for her help in preparing the text for publication. For the marvellous cover I am indebted to Alexander Creswell and for the illustrations my thanks to fellow Rome scholar, Michael McDonough. Patricia Drummond of the Royal Commission on the Historic Monuments of Britain, Dr Ian Campbell and Michael Clifford of Cambridge University Architecture and History of Art Library have also been of great assistance with the preparation of the plates. H.E. Sir Stephen Egerton, H.M. Ambassador at Rome, kindly gave permission for the publication of the picture of Sir Rennell Rodd. I am indebted also to the Swedish Institute of Classical Studies in Rome for allowing us to use their excellent photographic facilities. Finally, my heartfelt thanks to the British School at Rome where I have spent two blissfully happy and formative years.

Hugh Petter
Rome 1992

Questo volume percorre la storia dell'edificio della British School at Rome, unica opera in Italia di uno dei migliori architetti britannici, Sir Edwin Lutyens PRA (President of the Royal Academy cioè Presidente dell'Accademia Reale Britannica). Il testo è diviso in diverse parti: la prima descrive il padiglione britannico dell'Esposizione romana del 1911, il cui successo portò alla donazione del terreno da parte del Comune e dell'edificio da parte del costruttore, per la creazione di un'istituzione permanente. La seconda parte descrive le circostanze da cui dipese la decisione dei Commissari per l'Esposizione del 1851 di istituire una serie di borse di studio per l'arte e l'architettura a Roma. Nello stesso capitolo viene inoltre descritto come questa idea venne realizzata non appena l'area a Valle Giulia si rese disponibile dopo l'Esposizione del 1911. La terza parte ripercorre le varie fasi della costruzione dell'edificio e l'ultima, per concludere, valuta l'importanza di quest'incarico nella carriera di Lutyens.

Durante la preparazione di questo libro sono state di grande aiuto numerose persone. In particolare vorrei porgere i miei sinceri ringraziamenti al Dott. Richard Hodges, Direttore della British School, che per primo mi ha suggerito l'idea; ad Amanda Claridge, Assistente Direttore, e a Valerie Scott, Bibliotecaria, che sono state fonte continua di incoraggiamenti e consigli; a Beatrice Gelosia per aver gentilmente accettato di tradurre il testo in italiano. Sono grato alla Dott.ssa Gillian Clark per l'aiuto prestato durante la preparazione del testo. Per la bellissima copertina sono riconoscente ad Alexander Creswell e, per le illustrazioni, al mio collega borsista Michael McDonough. Patricia Drummond della Commissione Reale per i Monumenti Storici della Gran Bretagna, il Dott. Ian Campbell e Michael Clifford della Biblioteca dell'Università di Architettura e Storia dell'Arte di Cambridge, sono stati di grande aiuto per la preparazione delle tavole. S.E. Sir Stephen Egerton, Ambasciatore di Sua Maestà a Roma, mi ha gentilmente permesso di pubblicare il ritratto di Sir Rennell Rodd. Esprimo la mia gratitudine anche all'Istituto Svedese di Roma per averci dato la possibilità di utilizzare l'eccellente laboratorio fotografico. Infine un grazie di cuore a tutta la British School at Rome dove ho avuto la possibilità di vivere due anni piacevoli e formativi.

Hugh Petter
Roma 1992

1. *Sir Edwin Lutyens 1869-1944*
   (Mezzotint by Lawrence Josset of the oil painting by Meredith Frampton)

THE BRITISH PAVILION AT THE 1911 EXHIBITION IN ROME

Having started to build in the 1880s after a brief apprenticeship in the office of Ernest George, Edwin Lutyens quickly began to secure sizeable commissions, assisted by his friendship with Gertrude Jekyll, the famous garden designer, and Edward Hudson, the owner and editor of the magazine *Country Life*. Lutyens's houses, evolving from the English "Arts and Crafts" tradition, frequently appeared in the pages of this magazine, his fame spreading rapidly.

For the 1900 exhibition in Paris Lutyens was commissioned to design the English pavilion, which amounted to little more than a reproduction of an early seventeenth-century manor, Kingston House, at Bradford-on-Avon. However, a contemporary, Frederick Harrison, recorded that the pavilion was in his view "the best and most truly artistic in the whole Street of Nations, the only one indeed that a man of taste could view without a smile or a groan".

In May 1909, at the Royal Academy Banquet, the Prince of Wales, soon to be King George V, referred to Britain's part in three forthcoming International Exhibitions: Brussels (1910), Turin and Rome (1911). A Royal Commission under the presidency of the Prince of Wales was set up specifically to handle Britain's representation, with the Earl of Lytton as Chairman and Edwin Lutyens as the Consulting Architect, a post for which his experience in Paris ten years earlier recommended him.

The two Exhibitions in Italy were to commemorate the fiftieth anniversary of the Union of the Nation: that in Rome was to be devoted to arts and archaeology, while the Turin Exhibition was to be confined to agriculture, industries and commerce. The buildings in the Turin Exhibition were to be the responsibility of the Italian Government, but in Rome the foreign pavilions were to be erected by their respective nations. In the summer of 1909, Lord Lytton and U.F. Wintour, the Commissioner General, travelled to Italy to make arrangements for the site of the British pavilion in Rome and to attend the preliminary meetings concerning the Turin Exhibition.

The Rome Exhibition was to be held on two sites: the Piazza D'Armi on the Prati was for the pavilions from the regions of Italy and the Valle Giulia was for the foreign pavilions. The two areas, on opposite sides of the Tiber, were linked by the Ponte del Risorgimento, an elegant single span of some 100 metres in reinforced concrete which was for some time one of the boldest spans in that material. Britain secured a fine

IL PADIGLIONE BRITANNICO ALL'ESPOSIZIONE ROMANA DEL 1911

Dopo i primi lavori eseguiti negli anni 1880, a seguito di un breve tirocinio nell'ufficio di Ernest George, Edwin Lutyens ebbe molto presto incarichi di notevoli dimensioni, aiutato dalla sua amicizia con Gertrude Jekyll, allora rinomata disegnatrice di giardini, e con Edward Hudson, proprietario ed editore della rivista *Country Life*. Gli edifici di Lutyens, che si sviluppavano dalla tradizione dell'"Arts and Crafts" inglese, apparvero frequentemente sulle pagine della rivista e quindi la sua fama ebbe modo di estendersi rapidamente.

Per l'Esposizione del 1900 a Parigi, Lutyens venne incaricato di progettare il padiglione inglese. Il risultato fu un edificio che richiamava moltissimo Kingston House, una casa signorile dell'inizio del XVII secolo, a Bradford-on-Avon. Nonostante ciò Frederick Harrison, un contemporaneo, notò che il padiglione, secondo il suo punto di vista, era "il migliore e l'unico veramente artistico nell'intera Via delle Nazioni, davvero il solo che un uomo di gusto avrebbe potuto guardare senza un sorriso o un gemito".

Nel maggio del 1909, al Banchetto della Royal Academy, il Principe di Galles, che sarebbe presto diventato Re Giorgio V, fece riferimento alla parte che la Gran Bretagna avrebbe avuto in tre imminenti Esposizioni Internazionali: quella di Bruxelles (1910) e quelle di Torino e Roma (1911). Venne infatti nominata, espressamente con lo scopo di occuparsi della rappresentanza britannica, una Commissione Reale, sotto la presidenza del Principe di Galles, formata da Lord Lytton, come Presidente, e da Edwin Lutyens come Architetto Consulente, carica alla quale l'aveva certo raccomandato la sua esperienza di dieci anni prima a Parigi.

Le due esposizioni in Italia erano state organizzate per commemorare il cinquantesimo anniversario dell'Unità d'Italia: quella di Roma era dedicata all'arte e all'archeologia, mentre quella di Torino era ristretta all'agricoltura, all'industria e al commercio. Gli edifici all'Esposizione di Torino erano sotto la responsabilità del governo italiano, mentre a Roma i padiglioni stranieri dovevano essere costruiti dalle rispettive nazioni. Nell'estate del 1909 Lord Lytton e U.F. Wintour, il Commissario Generale, vennero in Italia per prendere accordi riguardo all'area del padiglione britannico di Roma e per partecipare alle riunioni preliminari per l'Esposizione di Torino.

L'Esposizione romana era stata organizzata in due zone: Piazza d'Armi a Prati era riservata ai padiglioni regionali italiani, Valle Giulia ai padiglioni stranieri. Le

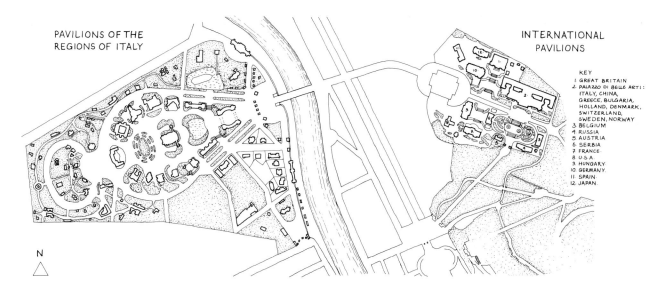

PAVILIONS OF THE
REGIONS OF ITALY

INTERNATIONAL
PAVILIONS

KEY
1. GREAT BRITAIN
2. PALAZZO DI BELLE ARTI:
   ITALY, CHINA,
   GREECE, BULGARIA,
   HOLLAND, DENMARK,
   SWITZERLAND,
   SWEDEN, NORWAY
3. BELGIUM
4. RUSSIA
5. AUSTRIA
6. SERBIA
7. FRANCE
8. U.S.A.
9. HUNGARY
10. GERMANY
11. SPAIN
12. JAPAN

N

2. *Site plan of the 1911 Exhibition in Rome*
   (Author)

position for her pavilion, close to the Museo di Villa Giulia, on high ground dominating the surroundings. It was decided early on that "the usual showy style of modern exhibition architecture would be out of place".

In October, Lord Lytton asked his brother-in-law, Edwin Lutyens, to join him in Italy. The official purpose was to report to the Commission on the suitability and safety of the building being erected by the Italian Government at Turin, but it was also desirable for the Consulting Architect to familiarise himself with the site in Rome. At this stage the appointment did not include the design of the British pavilion, the visit being intended rather to enable Lutyens to make an informed report on the design eventually selected by the Board of Trade. This, it was ordained, was to be a copy of the upper order of the west front of St Paul's Cathedral in London.

A good deal of time was spent discussing the site of the pavilion. Technical difficulties had arisen over the adoption of the St Paul's design and Lutyens was asked to do a sketch. "I am going to do it honorarily, for Vic [Lytton] – because if I take a fee and do not get the Pavilion it will look bad." He was then taken by Lord Lytton and Sir Rennell Rodd, the British Ambassador in Rome from 1908 to 1919, to a conference on the Turin Exhibition before returning to London. Shortly afterwards the Rome pavilion was put in Lutyens's charge.

Lutyens was largely self-educated in the English vernacular tradition and had freely incorporated classical elements into his early work, becoming convinced that the classical language of architecture was an indige-

due aree, sulle due parti opposte del Tevere, erano collegate da Ponte del Risorgimento, un'elegante campata unica, circa 100 metri in cemento armato, che rappresentò per diverso tempo una delle più audaci campate mai realizzate con quel materiale.

La Gran Bretagna si assicurò un'ottima localizzazione per il suo padiglione, vicino al Museo di Villa Giulia, in una posizione che dominava l'area circostante. L'indicazione generale degli organizzatori aveva in un primo tempo stabilito che "l'abituale stile architettonico pomposo delle moderne esposizioni sarebbe stato fuori luogo".

Ad ottobre Lord Lytton chiese a suo cognato, Edwin Lutyens, di raggiungerlo in Italia. Lo scopo ufficiale era quello di stilare un rapporto per la Commissione sull'idoneità e la sicurezza dell'edificio costruito dal governo italiano a Torino, ma in effetti era anche prudente che l'Architetto Consulente prendesse visione del terreno scelto a Roma. La nomina a Consulente non prevedeva che Lutyens preparasse anche il progetto per il padiglione britannico. Il sopralluogo si riprometteva più che altro di dare a quest'ultimo la possibilità di fornire un parere, sulle basi delle impressioni avute, sul disegno che sarebbe stato scelto alla fine dal Ministero del Commercio. Era stato ordinato che tale progetto dovesse essere una copia dell'ordine superiore della facciata occidentale della Cattedrale di S. Paolo a Londra.

Una buona parte del tempo venne impiegata ad esaminare l'area del padiglione. Erano infatti sorte alcune difficoltà tecniche riguardo all'adozione del disegno di S. Paolo, quindi venne chiesto a Lutyens di farne uno schizzo. "Lo farò gratuitamente per Vic [Lytton]

3. *St Paul's west front*
   (Royal Commission on the Historical Monuments of England)

4.   *Lutyens's preliminary studies for the British Pavilion*
     (M. Richardson, 1973)

nous part of the English architectural tradition. His
own enthusiasm for the "high game" of classicism re-
flected a general cultural reawakening of interest in the
native classicism of the seventeenth, eighteenth and
early nineteenth centuries. Indeed his "Arts and Crafts"
contemporaries all turned to the vernacular classical
tradition for inspiration in their mature work.

In 1905, Lutyens had designed Heathcote, a house at
Ilkley in Yorkshire, inspired by the work of the Italian
High Renaissance architect Michele Sanmichele (1484-
1559). This building, his first full-blown classical composition, clearly marked a turning point in his architectural interest from his early vernacular manner
to the more formal "high game" of Renaissance classicism. In a letter to his friend and fellow architect Herbert Baker, written in 1903, Lutyens communicated his
enthusiasm:

> In architecture Palladio is the game!! It is so big
> – few appreciate it now, and it requires training
> to value and realise it. The way [Christopher]
> Wren handled it was marvellous. [Norman]
> Shaw has the gift. To the average man it is dry
> bones, but under the hand of a Wren it glows
> and the stiff materials become as plastic clay.

For Lutyens, therefore, a straight copy of the west front
of St Paul's for the façade of the British pavilion was

perché farei una brutta figura se prendessi una par-
cella e non ottenessi il padiglione." Prima di tornare a
Londra egli partecipò con Lord Lytton e Sir Rennell
Rodd, Ambasciatore Britannico a Roma dal 1908 al
1919, ad una conferenza sull'Esposizione di Torino.
Poco tempo dopo il padiglione veniva affidato a Lutyens.

Lutyens era sostanzialmente un autodidatta per quanto riguarda la tradizione vernacolare inglese e aveva
volontariamente inserito nei suoi lavori iniziali degli
elementi classici, andando sempre più convincendo-
si che il linguaggio classico dell'architettura fosse parte originaria della tradizione architettonica inglese. Il
suo entusiasmo per il "gioco puro" del classicismo si
rifletté in un generale risveglio culturale di interesse
per il classicismo locale del XVII, XVIII e del primo XIX
secolo. Certamente tutti i suoi contemporanei del-
l'"Arts and Crafts" tornarono alla tradizione vernacolare classica per l'ispirazione del loro tardo lavoro.

Nel 1905 Lutyens aveva disegnato Heathcote, una casa a Ilkley nello Yorkshire, ispirata al lavoro di Michele Sanmichele (1484-1559), architetto italiano del primo Rinascimento. L'edificio, la prima composizione
classica da lui portata a compimento, segnò decisamente una svolta nei suoi interessi architettonici por-
tandolo dalla sua prima maniera vernacolare a quella
più formale del "gioco puro" del classicismo rinasci-

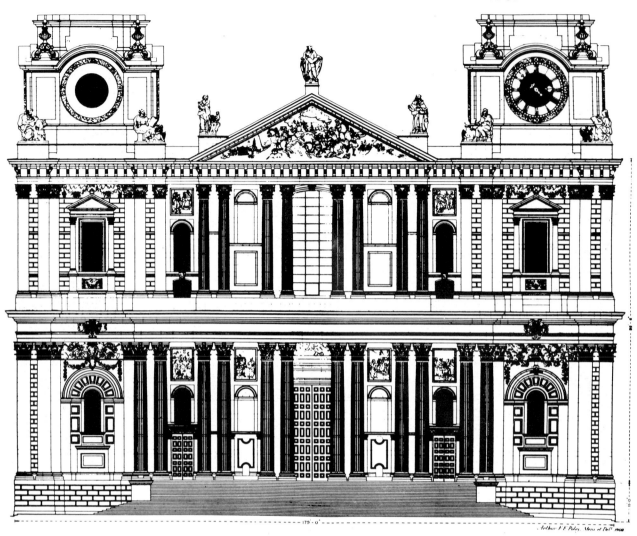

5. *St Paul's west front*
    (A.F.E. Poley: St Paul's Cathedral, London, 1927)

not enough, and he took positive delight in reworking the design of one of his favourite buildings. In another letter to Herbert Baker, Lutyens explained how subtly his elevation differed from that of the model he was set to copy:

> The condition to copy, i.e. to adapt the upper order of the west front of St Paul's was given me by the Board of Trade. They thought it all very like, but it wasn't a bit which is where the fun came in for me. The whole order had to be altered, and I think it takes more architectural technique to do this, and make every other part fit in, with the design of an undoubted master like Wren. The cornice, columns, etc. were altered, the portico and pediment etc.; a great labour but it was very interesting. To the lay mind a copy is good enough but to an architect, except some tradesman, it means a very great deal of thought, insight, knowledge.

mentale. In una lettera scritta nel 1903 al suo amico e collega architetto Herbert Baker, Lutyens comunica tutto il suo entusiasmo:

> In architettura è Palladio il gioco!! E' così grande — pochi lo riconoscono ora, e apprezzarlo e rendersene conto richiede allenamento. La maniera in cui lo adoperava [Christopher] Wren era meravigliosa. [Norman] Shaw ne ha il dono. Per l'uomo comune è arida roccia, ma nelle mani di un Wren rifulge e la dura materia diventa duttile argilla.

Di conseguenza per Lutyens una mera copia del fronte occidentale di S. Paolo per la facciata del padiglione britannico non era abbastanza, e certamente trovò piacere nel rielaborare il disegno di uno dei suoi edifici favoriti. In un'altra lettera ad Herbert Baker, Lutyens spiega come la sua elevazione differisca di poco da quella del modello che avrebbe dovuto copiare:

14

6. *British pavilion at the 1911 Rome Exhibition*
   (I. Spielman, 1913)

The pediment of the portico was slightly flatter than that of St Paul's, the biblical subject in the tympanum of the original being replaced with the royal coat of arms for the pavilion. The details of the cherubim, swags of fruit, and other ornaments were carefully and thoroughly modelled from originals by Grinling Gibbons and other great craftsmen of his time. The lie of the ground necessitated the building being raised upon a podium prolonged for eleven metres on either side to accommodate the extremities of the two flanking terraces. Facing the front on either side of the main pavilion were the models by Sir Thomas Brock for his two heroic groups of "Truth" and "Justice" for the Queen Victoria Memorial.

The façade was of fibrous plaster in imitation of stone. The galleries were constructed using a rolled steel frame and fireproof panels of breeze and pozzolana together with plaster slabs. The roof, formed with steel trusses, was covered externally with asbestos cement

L'obbligo di copiare, cioè di adattare l'ordine superiore della facciata occidentale di S. Paolo, mi è stato imposto dal Ministero del Commercio. Loro hanno pensato che fosse quasi uguale, ma non lo era affatto e proprio da questo ho avuto la mia parte di divertimento. Ho dovuto alterare l'intero ordine, e penso che per farlo occorra molta tecnica architettonica, e armonizzare tutte le altre parti al disegno di un indubbio maestro come Wren. Ho alterato la cornice, le colonne, ecc., il portico e il frontone ecc.; un grosso lavoro, ma è stato molto interessante. Per un profano una copia è sufficiente ma per un architetto, se si eccettua qualche artigiano, significa davvero un grande impegno in riflessione, discernimento, conoscenza.

Il frontone del portico venne leggermente appiattito rispetto a quello di S. Paolo; la rappresentazione biblica raffigurata sul timpano dell'originale venne sostitui-

7. *"Justice" statue group by Sir Thomas Brock KCB RA*
   (I. Spielman, 1913)

8. *"Truth" statue group by Sir Thomas Brock KCB RA*
   (I. Spielman, 1913)

tiles and lined with asbestos cement sheets, and the floors were of cement concrete. The contract for the construction was placed with Messrs Humphreys Ltd of Knightsbridge, London.

The system of external blinds and internal velarium, protecting the works from the sun, was thought to have been extremely effective and this, combined with a system of fans, apparently made the pavilion one of the coolest places to be during the heat of the Roman summer.

The walls of the picture rooms were hung with dull red paper made specially for the purpose; the dados and doorways were painted a broken green and the sculpture gallery, painted a warm cream, was stone-like in appearance.

Lutyens returned to the Exhibition on its opening in March 1911. In a letter to his wife he recorded: "I have to represent the RIBA [Royal Institute of British Architects] in Rome as well as myself and I shall have to go in broad daylight in evening dress and an opera hat!! It is too awful and ass-making".

ta con il blasone reale. I dettagli come il cherubino, il festone di frutta e gli altri ornamenti, vennero completamente ed accuratamente modellati sugli originali da Grinling Gibbons e da altri grandi artigiani del suo tempo. La configurazione del terreno rese necessario erigere la costruzione su di un podio prolungato da tutte e due le parti per undici metri in modo che potesse contenere le estremità delle due terrazze a fianco. Su entrambi i lati del padiglione principale, rivolti verso il davanti della facciata, vennero posti i due modelli dei gruppi eroici della "Verità" e della "Giustizia" di Sir Thomas Brock per il Memoriale della Regina Vittoria.

La facciata venne realizzata in gesso fibroso a imitazione della pietra. Le gallerie vennero costruite utilizzando una struttura in acciaio laminato e pannelli incombustibili fatti di scorie di coke, pozzolana e lastre di gesso. Il tetto, costituito da una travatura d'acciaio, era coperto esternamente con tegole di fibrocemento e rivestito internamente con lamine anch'esse in fibrocemento, mentre il pavimento venne realizzato in calcestruzzo. L'appalto della costruzione venne assegnato alla ditta Humphreys Ltd di Knightsbridge, Londra.

The British pavilion, covering some 3,000 square metres, was the second largest after that of Italy, and towered some ten metres above the latter. The fine arts and architecture sections were unusual in that the work of contemporary artists was shown alongside that of deceased artists, in an attempt to demonstrate the rise and development of an English School from the beginning of the eighteenth century. A contemporary critic observed, "it was the first time that in any exhibition held outside the British Isles a serious endeavour had been made to illustrate the progressive movement of the English School of painting".

Commenting on the building in an article entitled "The fiftieth anniversary of the kingdom of Italy", a correspondent in *The Graphic* prophetically noted that "the contrast between this dignified structure and the ordinary exhibition style which other countries commonly adopt is sufficiently suggestive and thoroughly impressive. The result is a spacious palace of a dozen splendid galleries, constructed in rolled steel and concrete,

Il sistema dei paraventi esterni e del velario all'interno per proteggere le opere dal sole, venne giudicato estremamente efficace; combinato ad un impianto di ventilatori, rese il padiglione, a quanto pare, uno dei posti più freschi nella calura dell'estate romana.

Le pareti delle stanze che esponevano quadri vennero rivestite con carta rossa opaca realizzata appositamente per l'evento; gli zoccoli e i vani delle porte erano neri. Le sale per le opere d'arte e d'architettura in bianco e nero vennero dipinte di verde scuro e la galleria dedicata alla scultura, dipinta di un crema intenso, sembrava in apparenza rivestita di pietra.

Lutyens tornò all'Esposizione per l'inaugurazione nel mese di marzo del 1911. In una lettera alla moglie annota: "Devo rappresentare qui a Roma il RIBA [Royal Institute of British Architects] e me stesso e dovrei andare in pieno giorno con l'abito da sera e il cilindro!! E' troppo orrendo e ridicolo".

9. *British pavilion gallery interior*
   (I. Spielman, 1913)

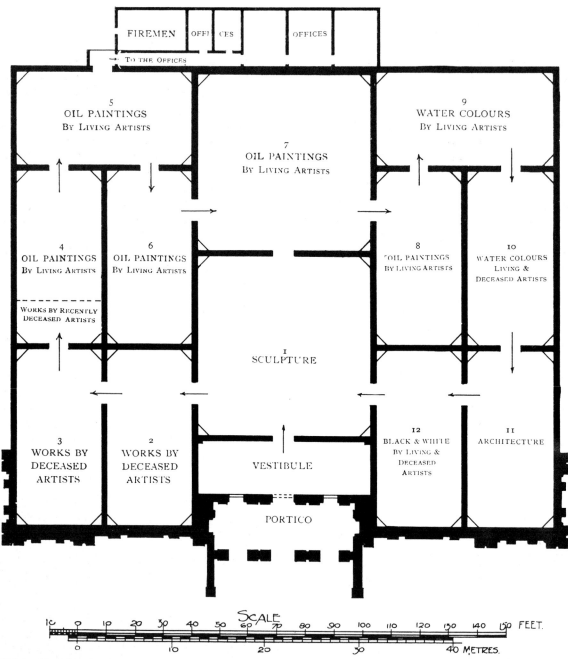

FIREMEN · OFFICES · OFFICES

→ TO THE OFFICES

5
OIL PAINTINGS
BY LIVING ARTISTS

7
OIL PAINTINGS
BY LIVING ARTISTS

9
WATER COLOURS
BY LIVING ARTISTS

4
OIL PAINTINGS
BY LIVING ARTISTS

6
OIL PAINTINGS
BY LIVING ARTISTS

8
OIL PAINTINGS
BY LIVING ARTISTS

10
WATER COLOURS
LIVING &
DECEASED ARTISTS

WORKS BY RECENTLY
DECEASED ARTISTS

I
SCULPTURE

3
WORKS BY
DECEASED
ARTISTS

2
WORKS BY
DECEASED
ARTISTS

12
BLACK & WHITE
BY LIVING &
DECEASED
ARTISTS

11
ARCHITECTURE

VESTIBULE

PORTICO

SCALE
10 0 10 20 30 40 50 60 70 80 90 100 110 120 130 140 150 FEET.
0 10 20 30 40 METRES.

10. British pavilion plan
(I. Spielman, 1913)

as if the building was not merely designed for a temporary building but intended as a national safe deposit for permanent use." The Italian press was enthusiastic with what it saw: "The English pavilion, which is certainly the greatest success of the Roman Exhibition, claims the unqualified applause of all intelligent art lovers and gives to us Italians the best example of what an artistic exhibition might and should have been." The correspondent in *Il Messaggero* found the pavilion "complete in itself and rich in decoration it impresses and attracts at the same time; it is decidedly English in feeling and essentially in harmony with its Roman surroundings".

The British press made similar observations: *The Times* noted that "England has been fortunate in obtaining

Il padiglione britannico, con i suoi 3.000 metri quadri, fu il secondo in grandezza dopo quello italiano ma superava quest'ultimo in altezza di circa dieci metri. Le sezioni per le belle arti e l'architettura avevano la singolarità di raccogliere in esposizione il lavoro di artisti contemporanei accanto a quello di artisti del passato, nel tentativo di dimostrare la crescita e lo sviluppo della Scuola Inglese dagli inizi del XVIII secolo. Un critico contemporaneo osservò: "è stata la prima volta che in un'esposizione organizzata fuori dalle Isole Britanniche si sia fatto un serio sforzo per illustrare l'impulso progressista della Scuola Inglese di pittura".

Un corrispondente del *Graphic*, commentando l'edificio in un articolo intitolato "Il cinquantesimo anniversario del regno d'Italia", osservava profeticamente che

the finest and most effective site in the vast enclosure; and, looking down a broad and stately avenue that is flanked by the great buildings of Italy and Germany, and facing that of France, is the palace of the British Section.... Those who have seen it regard it as extremely successful from the point of view of architecture....
It is as fireproof as any building can be; none the less, mindful of what happened at Brussels, the authorities have been very careful about the water supply and have sent out staff of trained firemen to live on the spot and be on guard day and night." The problem of fire was considered of the utmost importance after the devastating fire at the Brussels Exhibition when British and Belgian exhibits were burnt, including an important retrospective collection of English furniture and a set of uncommon Soho tapestries.

The archaeological section of the Exhibition was organised by Professor Rodolfo Lanciani. It was intended that each of the provinces of the ancient Roman Empire should send to Rome a contribution illustrating their relation to the mother country. The British section was organised by Thomas Ashby, with funds provided jointly by the Royal Commission and the Italian authorities. Ashby was the director of the British School at Rome, a predominantly archaeological institution housed in a leased apartment in the Palazzo Odescalchi.

il "contrasto tra questa struttura dignitosa e lo stile espositivo ordinario adottato generalmente dagli altri paesi, è abbastanza suggestivo e sotto tutti i punti di vista impressionante. Il risultato è un palazzo spazioso con una dozzina di splendide gallerie, costruito in acciaio laminato e calcestruzzo come se non fosse stato progettato soltanto per un uso temporaneo, ma con il proposito di realizzare un deposito di sicurezza nazionale con uso permanente." La stampa italiana ne era entusiasta: "Il padiglione inglese, che certamente ha riscosso il maggior successo nell'Esposizione di Roma, merita l'applauso incondizionato di tutti gli estimatori d'arte intelligenti e dà a noi italiani il miglior esempio di quello che una mostra d'arte può e dovrebbe essere". Un corrispondente del *Messaggero* trovò il padiglione "di per sé completo e ricco in decorazione, impressiona e attrae nello stesso tempo; è decisamente inglese per quanto riguarda le sensazioni e sostanzialmente in armonia con l'ambiente romano."

La stampa inglese fece simili osservazioni: Il *Times* osservò: "L'Inghilterra ha avuto la fortuna di ottenere il posto più bello e d'effetto nella vasta recinzione; il palazzo che sovrasta un ampio ed imponente viale fiancheggiato dai grandi edifici dell'Italia e della Germania e che guarda quello della Francia, è quello della sezione britannica.... Chi lo ha visto lo considera riuscito al massimo da un punto di vista architettonico.... E' asso-

11. *Postcard view from the French pavilion*

The Royal Commission in their report on the Exhibition recorded that they "much appreciate the valuable services rendered by various members of the committee and particularly by Sir Rennell Rodd and Dr Ashby, to whose energy and enthusiasm the successful organisation of the British sections was largely due. The latter, with the assistance of his mother, Mrs Ashby, and Mrs Arthur Strong, kindly undertook the arrangement and cataloguing of the exhibits". These characters were, however, to play key roles in a far more ambitious project: the expansion of the British School at Rome and its transfer from the Palazzo Odescalchi to the site of the Exhibition pavilion.

12. Portico of the British Pavilion
(I. Spielman, 1913)

lutamente a prova d'incendio; ciononostante le autorità, memori di quanto accadde a Bruxelles, hanno posto molta attenzione alla dotazione d'acqua e hanno distribuito gruppi di vigili del fuoco addestrati per restare sul posto ed essere di guardia giorno e notte." Il rischio del fuoco venne considerato di estrema importanza dopo l'incendio devastante dell'Esposizione di Bruxelles, durante il quale bruciarono gli spazi espositivi britannici e belgi, inclusa un'importante collezione retrospettiva di mobilio inglese e un set di rari arazzi di Soho.

La sezione archeologica della mostra venne organizzata dal Prof. Rodolfo Lanciani. L'intenzione era che ciascuna provincia dell'antico Impero Romano dovesse inviare a Roma un contributo per illustrare il proprio rapporto con la capitale. La sezione britannica venne organizzata da Thomas Ashby con fondi stanziati sia dalla Commissione Reale che dalle autorità italiane. Ashby era allora il Direttore della British School at Rome, un'istituzione preminentemente archeologica con sede in un appartamento a Palazzo Odescalchi.

In un rapporto sull'Esposizione, la Commissione Reale indicò che aveva "molto apprezzato i preziosi servigi resi da vari membri del comitato ed in particolare da Sir Rennell Rodd e dal Dott. Ashby, alla cui energia ed entusiasmo è stata in gran parte dovuta la buona riuscita dell'organizzazione della sezione britannica. Quest'ultimo, con l'aiuto della madre, la Signora Ashby, e della Signora Arthur Strong, si è gentilmente assunto l'incarico di preparare e catalogare i pezzi esposti". I personaggi qui citati, comunque, avrebbero giocato un ruolo chiave in un progetto molto più ambizioso: l'ampliamento della British School at Rome ed il suo trasferimento da Palazzo Odescalchi alla sede del padiglione dell'Esposizione.

In July 1910 Evelyn Shaw, then working for the Commissioners of the 1851 Exhibition and later to become the long-serving Honorary General Secretary of the British School at Rome, was making personal enquiries on behalf of Lord Esher with a view to the latter making a concrete proposal to the Board of Management of the 1851 Commission that they should extend their scheme of scholarships to include provision for the study of the fine arts. This objective had been approved by the Board on 10 April 1910. Shaw consulted Frederic Kenyon at the British Museum, Frank Heath and E.K. Chambers of the Board of Education, together with Sir Aston Webb, Thomas Brock, George Frampton and Edwin Austin Abbey. In October 1910 Shaw put together a memo for Lord Esher drawing together the fruits of these discussions and outlined a scheme for the establishment of the Rome Scholarship. This was approved in principle by the Board of Management on 22 November 1910, and so began the realisation of a long-standing desire to establish a series of scholarships in the various arts along the lines of the French *Prix de Rome*.

On 7 April 1911 the Board of Management Special Subcommittee (Lord Esher, Sir Arthur Rucker, Mr Ogilvie and Dr Glazebrook), met with Sir Aston Webb, Mr Brock and Mr Abbey to discuss the project. Sir Aston Webb suggested that the Director of the British School at Rome might be asked to supervise the work of Rome Scholars. Following this suggestion, the Commissioners' Subcommittee invited representatives of the British School at Rome to a meeting the following week. The result of this meeting was that the School undertook to find a suitable person to look after the Commissioners' Scholars.

At a meeting of the Board of Management on 3 May 1911, the Subcommittee was authorised to bring their proposals for Art Scholarships before the Royal Academy, the Royal Institute of British Architects [RIBA] and the Royal Society of British Sculptors [RSBS]. At the same time Lord Esher was authorised to complete negotiations for the acquisition of the site and building of the British pavilion in Rome which had just been offered to Sir Rennell Rodd, the British Ambassador, for the establishment of a British educational institution, and to proceed with his proposal to make use of the building as a residential and working centre for Rome Scholars. The establishment of such a centre, although dreamed of and thought about as soon as the idea of locating Scholars in Rome was formed, had never been discussed by the Commissioners as a practical possibility until Sir Rennell Rodd's offer had been made

Nel luglio del 1910 Evelyn Shaw, che allora stava lavorando per la Commissione permanente per l'Esposizione del 1851 (fondata in occasione dell'Esposizione Universale di quell'anno) e che più tardi avrebbe prestato per lungo tempo servizio come Segretario Generale Onorario della British School at Rome, stava effettuando personalmente delle ricerche per conto di Lord Esher, per capire se sarebbe stato possibile per quest'ultimo presentare alla Direzione della Commissione del 1851 una proposta concreta di ampliamento del programma di borse di studio al fine di includere un'assegnazione anche per lo studio delle belle arti. La Direzione aveva approvato il progetto il 10 aprile 1910. Shaw consultò Frederic Kenyon del British Museum, Frank Heath e E.K. Chambers del Ministero della Pubblica Istruzione e Sir Aston Webb, Thomas Brock, George Frampton e Edwin Austin Abbey. Nell'ottobre del 1910 Shaw stese un promemoria per Lord Esher riassumendo i frutti di queste discussioni e tracciò uno schema per l'istituzione delle borse di studio a Roma. Tale schema venne sostanzialmente approvato dalla Direzione il 22 novembre 1910 e così iniziò la realizzazione dell'annoso desiderio di istituire una serie di borse di studio per le varie arti sulla falsariga del *Prix de Rome* francese.

Il 7 aprile 1911 il Sottocomitato speciale della Direzione (Lord Esher, Sir Arthur Rucker, il Sig. Ogilvie ed il Dott. Glazebrook), ebbe un incontro con Sir Aston Webb, con il Sig. Brock ed il Sig. Abbey per discutere il progetto. Sir Aston Webb suggerì che fosse chiesto al Direttore della British School at Rome di soprintendere al lavoro dei borsisti a Roma. Accettando il suggerimento, il Sottocomitato della Commissione invitò ad una riunione, fissata per la settimana seguente, una rappresentanza della British School at Rome. Il risultato della riunione fu che la scuola si prese l'incarico di trovare una persona adatta ad assistere i borsisti scelti dalla Commissione.

Il 3 maggio 1911, in una riunione della Direzione, il Sottocomitato venne autorizzato a presentare le proprie proposte per le borse di studio per l'arte alla Royal Academy, al Royal Institute of British Architects [RIBA] e alla Royal Society of British Sculptors [RSBS]. Nello stesso tempo venne dato a Lord Esher il permesso di concludere le trattative per l'acquisto dell'area e dell'edificio del padiglione britannico a Roma che era appena stato offerto a Sir Rennell Rodd, l'Ambasciatore Britannico, al fine di farne un'istituzione culturale britannica. Esher avrebbe inoltre potuto portare avanti la sua proposta di utilizzare l'edificio a Roma come centro residenziale e di lavoro per i borsisti.

13. *Sir Rennell Rodd H.M. Ambassador at Rome*
     (By kind permission of H.E. Sir Stephen Egerton, H.M. Ambassador at Rome)

known. This offer was simultaneously communicated by Sir Rennell Rodd to the British School at Rome and, through Lutyens, to the RIBA.

In a letter to his wife, Lutyens confided that he had received a

> long letter from Sir Rennell Rodd saying that the Syndic of Rome (and this is all death head secret) [is] so pleased with our pavilion they are going to GIVE the site - a valuable one and Rodd wants me to get the RIBA to buy it and fit it up as the British School at Rome. I must write to Stokes [Leonard Stokes (1858-1925) President of the RIBA] and [John] Simpson to get it done somehow. The RIBA is hard up at present but they have had some money left to them.

Shaw advised Lord Esher that it would be preferable for the Commission to buy the building but in the event neither proposal was necessary as Colonel Charlton

L'eventualità di creare un simile centro, sebbene fosse stata desiderata e considerata non appena si era formata l'idea di stabilire i borsisti a Roma, non era mai stata discussa dai Commissari come una possibilità concreta, fino a quando non si venne a conoscenza dell'offerta di Sir Rennell Rodd. Tale offerta venne contemporaneamente comunicata da Sir Rennell Rodd alla British School at Rome e, attraverso Lutyens, al RIBA.

In una lettera alla moglie Lutyens confida di aver ricevuto una

> lunga lettera da Sir Rennel Rodd nella quale mi comunica che il Sindaco di Roma (e questo è un segreto da portare nella tomba) è così soddisfatto del nostro padiglione che CI DARANNO l'area — un posto di grande valore, e Rodd vuole che io convinca il RIBA ad acquistarlo per farlo diventare la British School at Rome. Devo scrivere a Stokes [Leonard Stokes (1858-1925) Presidente del RIBA] e [John] Simpson per riu-

Humphreys, whose firm had constructed the pavilion and to whom ownership of the pavilion reverted after the Exhibition, presented it to the Commissioners for the new British School at Rome.

A telegram dated 5 May 1911 from Louis Mallet at the Foreign Office to the Royal Commissioners stated that:

> I am directed by Secretary Sir E. Grey to inform you that a telegram has been received from His Majesty's Ambassador at Rome for transmission to Lord Esher to the following effect: — He is securing an option in non-committal terms, which the syndic is however prepared to accept. The only inevitable conditions are that the site granted should be for the purpose of study and not of sale for a profit and that it should revert to the Municipality in case of abandonment.

A communication from the Foreign Office to Lord Esher dated 8 December 1911 records that Sir Rennell Rodd had been authorised to sign the agreement with the Mayor of Rome regarding the cession of the site of the British pavilion, thus bringing to a conclusion the acquisition of the site for the enlarged British School.

On 11 May 1911 the Commissioners' Subcommittee met with representatives of the Royal Academy, the RIBA and the London Committee of the British School at Rome. Sir Aston Webb and Reginald Blomfield attended as Chairman and Vice-chairman of the Board of Studies of the RIBA to exert pressure on their President, Leonard Stokes, and Ernest Newton who were against the scheme. The Royal Academy was represented by its President, Sir Edward Poynter, together with Sir Lawrence Alma Tadema. Professor Reid and Baker Penoyre represented the British School at Rome. At this meeting Lord Esher stated that the Commissioners were prepared to carry the projected scheme through, the expenditure involved in adapting the existing structure and making it permanent being estimated at between £6,000 and £10,000.

It was originally contemplated that the hostel and the Director's house would be built separately on land to the rear of the pavilion, only slight modifications to the galleries being needed to render them serviceable to students. However, when it became clear that the additional land required was not available, the proposals were heavily revised. This involved considerable internal rearrangement of the pavilion and a lengthening of the façade to enable the hostel and the Director's house to be included in the design.

Lutyens was asked to prepare a complete scheme which included the reconstruction of the façade, adaptation of the interior for working purposes, and the erection of a hostel for 25 students and Director's quarters. The cost of this scheme was estimated by Hum-

scirci in un modo o nell'altro. Il RIBA è in ristrettezze economiche per il momento, ma qualcuno gli ha lasciato un po' di soldi.

Shaw fece sapere a Lord Esher che sarebbe stato meglio che la Commissione comprasse l'edificio, ma nel caso specifico non fu necessaria né l'una né l'altra offerta poiché il Colonnello Charlton Humphreys, la cui impresa aveva costruito il padiglione ed al quale ne era spettata per reversione la proprietà dopo la mostra, volle farne dono alla Commissione per la nuova British School at Rome.

Un telegramma di Louis Mallet, del Ministero degli Esteri, datato 5 maggio 1911, per la Commissione Reale dichiara:

> Il Segretario Sir E. Grey mi ha ordinato di informarvi che è stato ricevuto un telegramma inviato dall'Ambasciatore di Sua Maestà a Roma, per comunicare a Lord Esher il seguente fatto: — l'Ambasciatore sta lavorando per assicurarsi una possibilità, senza impegno, che il Sindaco è comunque preparato ad accettare. Le uniche inevitabili condizioni impongono che l'area concessa sia sfruttata per intenti culturali e non a scopo di lucro e che sia restituita al Comune in caso di abbandono.

Una comunicazione del Ministero degli Esteri per Lord Esher datata 8 dicembre 1911, notifica che Sir Rennell Rodd era stato autorizzato a sottoscrivere un accordo con il Sindaco di Roma riguardo la cessione dell'area del padiglione britannico, in modo da portarne a conclusione l'acquisto per la nuova British School.

L'11 maggio 1911 il Sottocomitato della Commissione ebbe un incontro con alcuni rappresentanti della Royal Academy, del RIBA e del Comitato di Londra della British School at Rome. Sir Aston Webb e Reginald Blomfield vi parteciparono in qualità di Presidente e Vice Presidente del Comitato per gli Studi del RIBA, per fare pressione sul loro Presidente, Leonard Stokes, e su Ernest Newton, manifestatisi contrari al progetto. La Royal Academy era rappresentata dal Presidente, Sir Edward Poynter, e da Sir Lawrence Alma Tadema. Il Prof. Reid e Baker Penoyre rappresentarono la British School at Rome. Durante la riunione Lord Esher dichiarò che i Commissari erano pronti a portare avanti il progetto previsto e che la somma richiesta per adattare la struttura esistente in modo da farla diventare permanente era stata stimata tra le 6.000 e le 10.000 sterline.

Il proposito originale era di costruire separatamente l'ostello e la casa del Direttore sul terreno retrostante il padiglione, poiché così sarebbero servite solo alcune leggere modifiche alle gallerie per renderle funzionali al lavoro degli studenti. Tuttavia quando divenne chiaro che il terreno in più che sarebbe servito non

phreys Ltd to be in the region of £32,000, excluding extra foundations, drainage, sanitary fittings, lighting and the heating system.

Lutyens however, had reservations about the adaptation of his Exhibition pavilion into a permanent institution, commenting in a letter to his wife that "... there will be a good deal of criticism about my building and its adaptability...." His wife on the other hand, took a more positive line, replying by return of post, "how thrilling for you about Rome and shows your pavilion is appreciated. You must not be depressed by criticism. It is only a sign that you are becoming a public man."

At the same time as Lutyens was preparing his scheme for the adaptation of the pavilion, the Constitution of the School was being drawn up and Shaw circulated the first draft to the Commissioners' Subcommittee and the Managing Committee of the British School at Rome on 30 June 1911.

On 29 November 1911 the Organising Committee met again to consider more detailed proposals for the Constitution. Sir Edward Poynter, Sir George Frampton and Sir Aston Webb represented the Royal Academy, Reginald Blomfield and J.W. Simpson represented the RIBA, Sir Thomas Brock and Mr Stirling Lee represented the RSBS and Professor J.S. Reid, A.H. Smith and Baker Penoyre represented the British School at Rome. John Sargent was also invited to attend at the special invitation of the Commissioners. A Subcommittee consisting of Lord Esher, Mr Ogilvie and Sir Aston Webb was appointed to draw up a Charter for the School.

The Organising Committee met again for the last time on 12 December 1911 to complete arrangements for the composition of the Council, Executive Committee and several Faculties of the School. A Building Subcommittee was appointed by the Commissioners and Lord Esher, Sir Aston Webb, Blomfield and Lutyens met for the first time on 12 May 1912 to consider plans for adapting the building, with a view to reducing the projected cost to £25,000, suggesting certain omissions in connection with materials used for the construction of the interior and for the façade.

On 19 December 1911 the Board of Management met to consider the question of the size of the grant to be made to the British School at Rome for the building operations. It was resolved to spend £15,000 in reconstructing the façade and adapting the interior as working quarters.

A new design was prepared after Lutyens had revisited the site and familiarised himself with the requirements of the institution. The projected cost of the proposed building was still found to be in the region of £40,000, without taking into consideration the heating system or lights.

sarebbe stato disponibile, le proposte vennero seriamente riconsiderate. Ciò implicò un considerevole riassetto interno del padiglione e il prolungamento della facciata in modo da poter includere nel disegno anche l'ostello e la casa del Direttore.

Venne quindi chiesto a Lutyens di preparare un progetto completo che includesse la ricostruzione della facciata, l'adattamento degli interni per l'attività prevista, la costruzione di un ostello per 25 studenti e l'appartamento del Direttore. Il costo del progetto venne stimato dalla ditta Humphreys Ltd sulle 32.000 sterline, escludendo le nuove fondamenta, le fognature, gli impianti igienici, la rete elettrica e l'impianto di riscaldamento.

Lutyens avanzò comunque delle riserve rispetto alla trasformazione del suo padiglione in un'istituzione permanente, commentando in una lettera alla moglie: "... ci saranno un sacco di critiche sul mio edificio e la sua possibilità di adattamento...." Sua moglie invece, rispondendo a giro di posta, prese un atteggiamento più ottimistico: "è stupendo quello che ti accade a Roma e significa che il tuo padiglione è apprezzato. Non devi farti abbattere dalle critiche. E' solo un segno del fatto che tu stai diventando un uomo pubblico."

Mentre Lutyens preparava il suo progetto per l'adattamento del padiglione, si stava anche compilando la Costituzione della scuola; il 30 giugno 1911 Shaw ne presentò un primo abbozzo al Sottocomitato della Commissione e al Comitato Direttivo della British School at Rome.

Il 29 novembre 1911 il Comitato Organizzativo si riunì di nuovo per esaminare nei dettagli le proposte per la Costituzione. Sir Edward Poynter, Sir George Frampton e Sir Aston Webb rappresentavano la Royal Academy, Reginald Blomfield e J.W. Simpson rappresentavano il RIBA, Sir Thomas Brock ed il Sig. Stirling Lee il RSBS e il Prof. J.S. Reid, A.H. Smith e Baker Penoyre la British School at Rome. John Sargent venne invitato a partecipare alla riunione della Commissione come ospite speciale. Fu nominato un Sottocomitato, per abbozzare lo Statuto della scuola, formato da Lord Esher, dal Sig. Ogilvie e da Sir Aston Webb.

Il Comitato Organizzativo tenne l'ultima riunione il 12 dicembre 1991 per definire la composizione del Consiglio, del Comitato Esecutivo e delle diverse Facoltà della scuola. La Commissione nominò un Sottocomitato per l'Edificio e Lord Esher, Sir Aston Webb, Blomfield e Lutyens si riunirono per la prima volta il 12 maggio 1912 per esaminare i disegni dell'adattamento dell'edificio. Il loro scopo era quello di ridurre il costo preventivato a 25.000 sterline: a tal fine suggerirono alcune sostituzioni riguardo ai materiali usati per la costruzione degli interni e per la facciata.

14. *Ernesto Nathan (1845-1921), Mayor of Rome 1907-1913
(Roma - Rassegna Illustrata dell'Esposizione del 1911)*

Having considered the revised plan, the Building Subcommittee resolved at their meeting on 10 May 1912 to spend the £15,000 granted by the Board of Management in reconstructing the main portion of the façade and omitting construction of the wings. The galleries were to be left as they were and the rest of the design was to be carried out in sections as funds became available. Lord Esher had strong views as to how the money was to be raised and in a letter to Shaw on 7 June 1912, he pointed out that "if ever a PUBLIC appeal is made, I shall at once retire from the School".

The first meeting of the Council of the School took place on 24 June 1912 at St James's Palace to receive the Royal Charter which had been granted two days previously.

The Building Subcommittee met again on 17 July 1912 to consider the Quantity Surveyor's estimate for the work on the façade and interior, amounting to some £22,000. Omission of the wings reduced the cost by £6,000 and a certain amount of internal alteration brought the cost down by a further £500, the resulting total being around £15,500: this figure was more or less in line with the grant of £15,000. It was resolved to invite Humphreys Ltd to tender for the work and, if their price compared favourably in the eyes of Sir Aston Webb and Blomfield with the above figure, their tender was to be accepted.

The support of Ernesto Nathan, the Mayor of Rome and undoubted anglophile, was crucial to the successful acquisition of the site in the Valle Giulia for the British School. In a letter to Evelyn Shaw of 17 August 1912 he enthused:

Il 19 dicembre 1911 la Direzione ebbe una riunione per stabilire l'ammontare dell'assegnazione da destinare a favore della British School at Rome per le operazioni di rifacimento. Per la ricostruzione della facciata e per la trasformazione degli interni in ambienti di lavoro, vennero stanziate 15.000 sterline.

Dopo aver rivisto il terreno e aver preso familiarità con le esigenze dell'istituzione, Lutyens preparò un nuovo disegno. Il costo per la costruzione dell'edificio, escludendo l'impianto di riscaldamento e la rete elettrica, venne ancora stimato sulle 40.000 sterline.

Dopo aver esaminato i nuovi disegni, il Sottocomitato per l'Edificio stabilì, in una riunione tenuta il 10 maggio 1912, di spendere le 15.000 sterline assegnate dalla Direzione per la ricostruzione della parte principale della facciata, senza le due ali. Le gallerie sarebbero rimaste com'erano ed il resto del progetto si sarebbe portato a termine in diverse fasi, mano a mano che si fossero resi disponibili i fondi. Lord Esher aveva precise opinioni su come si sarebbero dovuti procurare i soldi e in una lettera a Shaw del 17 giugno 1912 dichiarò: "se mai dovesse essere fatta una raccolta PUBBLICA di denaro, mi ritirerò immediatamente dalla scuola".

La prima riunione del Consiglio della scuola ebbe luogo il 24 giugno 1912 al St. James Palace. Durante questa riunione la scuola ricevette la Statuto Reale che le era stato conferito due giorni prima.

Il Sottocomitato per l'Edificio si riunì nuovamente il 17 luglio 1912 per esaminare la stima, di circa 22.000 sterline, proposta dal geometra per il lavoro della facciata e degli interni. L'esclusione delle ali ridusse il costo di 6.000 sterline ed alcune modifiche all'interno l'abbassarono di altre 500 sterline, portando il totale a circa 15.500 sterline. Questa somma era più o meno in linea con le 15.000 sterline assegnate. Venne stabilito di suggerire alla ditta Humphreys Ltd di concorrere all'appalto dei lavori e se, secondo Sir Aston Webb e Blomfield, il prezzo avesse retto il confronto con la somma stabilita, la loro offerta sarebbe stata accettata.

Il sostegno di Ernesto Nathan, Sindaco di Roma e sicuramente anglofilo, fu fondamentale per la buona riuscita dell'acquisto dell'area della British School a Valle Giulia. In una lettera ad Evelyn Shaw, del 17 agosto 1912, egli dimostra tutto il suo entusiasmo:

> Le mie aspettative e i miei desideri [?] sono ormai superati visto che il vostro Istituto è un fulgido esempio, un primo passo verso lo scambio internazionale del pensiero e delle fatiche artistiche, con Roma al centro. Questa è la cosa che io sto umilmente cercando di promuovere, attraverso il rinnovamento delle tradizioni artistiche della nostra grande città, in accordo con la

Both my expectations and deserts [sic] are surpassed since your Institute is a shining example, a first step towards the international interchange of artistic thought and endeavour, with Rome for its clearing house, which I am humbly trying to promote by renewing, according to modern civilisation and modern thought, the artistic traditions of our great City.

Nathan intended the Valle Giulia to develop as one of the cultural cores of the city with foreign academies gathered around the Gallery of Modern Art and Museo di Villa Giulia. These were to be surrounded by large luxury villas with leafy gardens. The site of the Japanese pavilion, adjacent to that of Britain, was valuable building land, yet Nathan was prepared to sell a strip of it to the British at an extremely favourable price, indicating the strength of his personal support for the establishment of the British School.

In a further letter from Nathan to Evelyn Shaw, dated 17 August 1912, he reported that "beyond small internal sanitary arrangements your project has been completely sanctioned by our technical office; you are free therefore to begin work whenever you wish."

On the advice of Sir Aston Webb and Blomfield, Evelyn Shaw, the Honorary General Secretary of the British School, accepted Humphreys' tender of £12,919 on 28 August 1912 and sealed the contract on 20 September 1912. Work on the construction of the British School could now begin.

As the work progressed the question arose as to whether the British Academy, then housed in a large barrack-like building in Via Margutta, should be allowed to use the new building under construction. The British Academy had been founded at the beginning of the nineteenth century by a group of British artists. Sir William Hamilton (Minister in Naples), the Dukes of Bedford and Devonshire, Sir Watkin Williams-Wynn and Sir Thomas Lawrence (President of the Royal Academy) had all given money for the establishment of a national Academy. Under Sir Thomas Lawrence's influence, the Royal Academy had made a succession of grants, as had King George IV, and later Queen Victoria. The Academy was attended by students from Britain and the Dominions. Lutyens clearly had strong views as to the artistic merit of this institution, recording in a letter to his wife from Rome in 1912: "Then there is the British Academy which has degenerated into some sort of elementary drawing class and some sheepish old maids who imagine they acquire Art by gazing at a nude man with pertinences improper."

The question however rumbled on and Shaw, writing to William Squire, the Resident Architect of the works in Rome, confided:

moderna civilizzazione e con il pensiero moderno.

Nathan si riprometteva di far diventare Valle Giulia uno dei nuclei culturali della città, con le accademie straniere riunite attorno alla Galleria d'Arte Moderna e al Museo di Villa Giulia. Tutto ciò contorniato da grandi ville lussuose con rigogliosi giardini. Il terreno del padiglione giapponese, adiacente a quello britannico, era un'area fabbricabile di pregio, tuttavia Nathan era pronto a venderne una striscia agli inglesi ad un prezzo estremamente vantaggioso, dimostrando così quanto fosse forte il suo sostegno personale all'instaurazione della British School.

In un'ulteriore lettera ad Evelyn Shaw, datata 17 agosto 1912, Nathan comunica: "eccettuati piccoli adattamenti ai servizi igienici, il vostro progetto è stato completamente approvato dal nostro ufficio tecnico; siete quindi liberi di iniziare i lavori quando volete."

Su consiglio di Sir Aston Webb e di Blomfield, Evelyn Shaw, il Segretario Generale Onorario della British School, accettò, il 28 agosto 1912, l'offerta della ditta Humphreys per 12.919 sterline e sigillò il contratto il 20 settembre 1912. Il lavoro per la costruzione della British School poteva finalmente cominciare.

Con l'andare avanti dei lavori si presentò il problema di decidere se la British Academy, allora con sede in un palazzo di Via Margutta, potesse utilizzare il nuovo edificio in via di costruzione. La British Academy era stata fondata all'inizio del XIX secolo da un gruppo di artisti britannici. Sir William Hamilton (Ministro a Napoli), i Duchi del Bedford e del Devonshire, Sir Watkin Williams-Wynn e Sir Thomas Lawrence (Presidente della Royal Academy) avevano concesso dei fondi per l'istituzione della British Academy. Grazie all'influenza che Sir Thomas Lawrence esercitò sulla Royal Academy, anche questa stabilì una serie di assegnazioni, come fecero Re Giorgio IV e più tardi la Regina Vittoria. Frequentavano l'Accademia studenti della Gran Bretagna e dei domini britannici. Sicuramente Lutyens aveva delle opinioni ben precise riguardo al merito artistico di questa istituzione, infatti in una lettera alla moglie scritta a Roma nel 1912 annota: "E poi c'è la British Academy che è degenerata in una specie di scuola elementare di disegno in cui alcune timide vecchie signorine credono di poter acquisire l'Arte guardando fisso un uomo nudo e i suoi accessori sconvenienti."

Il problema comunque ebbe eco e Shaw scrivendo a William Squire, l'architetto Direttore dei lavori a Roma, confida:

A quanto pare la maggioranza dei membri dell'Accademia è contraria alla fusione. Anche la maggior parte degli studenti è fortemente con-

apparently the majority of the members of the Academy are opposed to the amalgamation. The majority of the students are also keenly opposed to the amalgamation because the feeling among the serious and advanced students for which the British School is being built is that amalgamation with the Academy can not in any way help them and the fact that everybody and anybody can claim admission to the Academy is likely to lower the tone of the school. This you must keep entirely to yourself.

The following week, a letter appeared in *The Builder* from someone who declared himself to be "a student of archaeology and a lover of art" who had "adopted the Eternal City" as his "permanent place of abode". He raged, "it seems to me deplorable that an institution [The British Academy] with so long and interesting a record for capability in its own field should have its identity compromised by too close an alliance with the British School of Archaeology [British School at Rome], a comparatively recent institution, and which yet has its spurs to win in its own proper domain". He continued, "it is impossible to see what useful purpose could be served by the arbitrary transference of the Academy from its present central situation in the midst of the artistic quarter to the remote Villa [sic] Giulia, outside the city gates". He concluded by asking "why, after all, join together in an unnatural bond two institutions which have such totally different aims and requirements", and wondered whether, through the merger of the Academy and the British School, "British art students are to be driven by the force of unjust circumstances into the uncomfortable and wholly inadequate studios of the Villa [sic] Giulia?".

A similar letter had appeared in *The Builder* a fortnight previously which, having commented on the remoteness of the new building, focused its attention upon the building itself, claiming that it was "entirely insufficient and unsuitable for art classes. The very features of the British Building of the 1911 Exhibition, which were so eminently suitable for the display of the wonderful collection of pictures collected by Sir Isidore Spielman, and which could have been adapted so splendidly for studio purposes, have been destroyed in turning the building into a residential school. Some of the rooms by courtesy called studios are no better than cells, and entirely unadapted for the purposes for which they were constructed."

These remarks had no direct bearing on the construction of the School, but practical difficulties in the adaptation of the existing pavilion together with problems in creating sufficient foundations for the reconstructed façade, led to the decision to abandon the original proposals and prepare a fresh scheme. Lutyens's revised proposals form the core of the School today.

traria perché l'impressione di questi studiosi impegnati e di livello superiore per i quali è stata istituita la British School, è che una fusione con l'Accademia non li aiuterebbe in nessun senso e il fatto che chiunque possa richiedere di essere ammesso a far parte dell'Accademia può, con molta probabilità, abbassare il livello della scuola. Ma tutto questo deve tenerselo soltanto per sé.

La settimana successiva venne pubblicata sul *Builder* una lettera di un anonimo che si dichiarava "uno studioso di archeologia e un cultore dell'arte" che aveva "adottato la città eterna" come sua "dimora permanente". Con molta durezza affermava: "mi sembra deplorevole che un'istituzione [la British Academy] con un passato di capacità nel proprio campo così lungo e interessante, debba compromettere la propria identità stringendo un'alleanza con la British School of Archaeology [British School at Rome], un'istituzione relativamente recente e che deve ancora guadagnarsi una posizione per prevalere nel proprio ambito." E ancora: "è impossibile comprendere a quale scopo pratico possa giovare l'arbitrario trasferimento dell'Accademia dalla sua attuale posizione centrale nel cuore del rione artistico alla lontana Villa [sic] Giulia, fuori dalle porte della città". Infine conclude domandando: "in fin dei conti, perché associare con un vincolo innaturale due istituzioni con propositi e requisiti in tutto e per tutto differenti" e chiede se, a causa della fusione della British Academy con la British School "gli studenti d'arte britannici devono essere spinti dalla forza di ingiuste circostanze verso gli studi scomodi e del tutto inadeguati di Villa [sic] Giulia?"

Una lettera simile era stata pubblicata dal *Builder* due settimane prima e anche in questa, dopo un commento sulla lontananza della nuova sede, si focalizzava l'attenzione sull'edificio in sé, sostenendo come fosse "del tutto inidoneo e inadatto alle lezioni d'arte. Le stesse caratteristiche dell'edificio britannico per l'Esposizione del 1911, così appropriate per esibire la splendida collezione di quadri raccolta da Sir Isidore Spielman, e che avrebbero potuto essere ottimamente adattate per trasformare i locali in studi, sono state distrutte per convertire l'edificio in un collegio. Alcune delle stanze chiamate per gentilezza studi, non sono migliori di celle e completamente inadeguate agli scopi per cui sono state costruite."

Queste osservazioni non influirono direttamente sulla costruzione della scuola, ma alcune difficoltà pratiche riguardo alle modifiche del padiglione esistente e alcuni problemi sorti per la creazione di fondamenta adeguate per la ricostruzione della facciata, portarono alla decisione di abbandonare il progetto e di preparare un nuovo disegno. Il secondo progetto di Lutyens costituisce oggi il nucleo della scuola.

Anyone who could have seen the site this autumn in all its beauty would inevitably have rejoiced in our prospects.... Things have so changed in Rome today, rents are so high, and ground so scarce, that it is quite hopeless to expect to obtain a site for a school and a hostel in the centre of the old city... The new site is within easy reach of the Vatican, a couple of hundred yards from the Villa Papa Giulio, and very near the Borghese Gallery. It will be practically included in the Villa Umberto (Borghese Gardens), the most beautiful and characteristic Roman part. It is on high ground, where the air is good and sanitary conditions will be satisfactory. I can only say that our prospects are envied by everyone here. The city will spread beyond us in the future, but we shall remain in a garden and park-like area, which will be as essentially Roman as anything can be in a city which, throughout its history, has always been changing.

Such were the thoughts of Sir Rennell Rodd, the British Ambassador at Rome, whose influence had been fundamental both to securing the site of the British pavilion for the 1911 Exhibition, and to the subsequent decision by the municipality of Rome to facilitate the establishment of the British School at Rome in the Valle Giulia.

In the course of securing both the site and the pavilion for the British School at Rome, Rodd wrote to Lutyens and asked him to consider the adaptation of his pavilion. Later on that year, in a letter to Evelyn Shaw, Rodd discussed various modifications to Lutyens's initial scheme, and concluded, "I hope the premises can be inspected on the spot. We have to consider points of the compass, lie of the ground and other things only realised on the spot". Consequently Lutyens returned to Rome in January 1912. A letter to his wife from this trip records his activities and his ideas for the new School:

Yesterday afternoon we spent at the Medici – thrilling – and they, the directors extraordinarily kind and helpful. It is a wonderful life and tradition which I hope we may build up here – but I hope with better results. The Germans and the Americans are going to start schools too. I am sorry one cannot start a wide world school with one common library. The amount of waste that goes on in the archaeology departments and history. The multiplicity of libraries is such awful

Chiunque abbia visto il posto in autunno in tutta la sua bellezza si è immancabilmente rallegrato per la possibilità che abbiamo avuto.... Le cose sono molto cambiate a Roma oggi, gli affitti sono così alti e i terreni così pochi che è quasi impossibile aspettarsi di ottenere un'area per una scuola ed un ostello nel centro storico della città... La nuova sede è facilmente raggiungibile dal Vaticano, a circa duecento iarde dalla Villa Papa Giulio e molto vicina alla Galleria Borghese. Praticamente entrerà a far parte di Villa Umberto (nel Giardino Borghese) che è la zona più bella e caratteristica di Roma. E' posta su una collina dove l'aria è buona e l'ambiente sarà salubre. Posso solo dire che la possibilità che abbiamo avuto è invidiata da tutti, qui. In futuro la città si estenderà intorno a noi, ma noi saremo sempre in un giardino e in un parco che sarà romano nella sostanza così come può esserlo qualsiasi cosa in una città che, durante tutta la sua storia, si è sempre trasformata.

Questi erano i pensieri di Sir Rennell Rodd, l'Ambasciatore Britannico a Roma, la cui influenza era stata fondamentale sia per ottenere il terreno del padiglione britannico per l'Esposizione del 1911, che per la decisione successiva presa dal Comune di Roma di favorire l'istituzione della British School at Rome a Valle Giulia.

Mentre stava cercando di ottenere l'area ed il padiglione per la British School at Rome, Rodd scrisse a Lutyens chiedendogli di cominciare a prendere in esame le modifiche per il suo padiglione. Più tardi in quello stesso anno, in una lettera ad Evelyn Shaw, Rodd prese in considerazione alcuni dei ritocchi che si sarebbero dovuti apportare al progetto iniziale di Lutyens e concluse: "spero che la sede possa essere ispezionata sul posto. Dobbiamo prendere in considerazione i punti cardinali, la configurazione del terreno e altre cose di cui possiamo renderci conto solo sul posto". Per questo Lutyens tornò a Roma nel gennaio del 1912. In una lettera alla moglie durante questo viaggio descrive i suoi impegni e comunica le sue idee per la nuova scuola:

Ieri pomeriggio siamo andati a Villa Medici – elettrizzante – e loro, i direttori, sono stati straordinariamente gentili e di grande aiuto. Spero che anche noi potremo far nascere qui uno stile di vita ed una stupenda tradizione – ma spero con risultati migliori. Anche i tedeschi e gli americani stanno per istituire le loro scuole. Mi

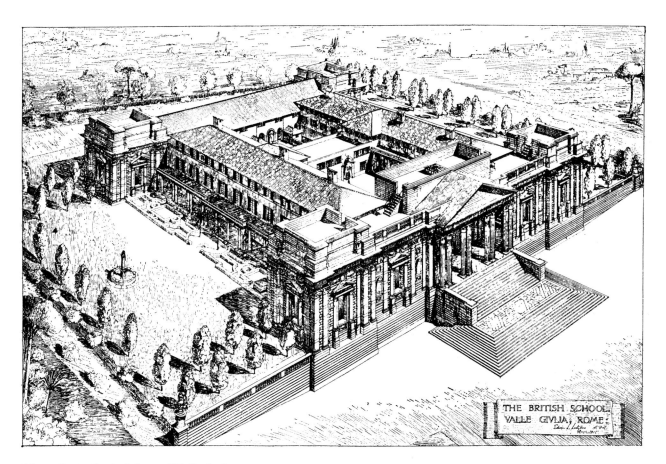

15. *Perspective by Lutyens of his final scheme*
     (British School at Rome archive)

waste – and why all this bone racking when everything produced is so hideous. There are the English, German, Prussian, American, French and God knows how many more establishments. Then there is our own Records Office under another management. The saving in Bibles and Who's Whos would keep a student.

In the same letter he described his reaction to the Assistant Director, Eugenie Strong, who was to take an active interest in the building of the School, and with whom relations were to become increasingly strained:

Mrs Arthur Strong is in a very querulous and yah yah mood. I think she thinks our school is going to be too big for her and she is terrified of the rough architectural students. Why she picks out the architectural ones I don't like to think.

In another letter from the same visit, Lutyens noted:

Ashby lunched, then palace-hunting with Evelyn Shaw, and a tea party at the British School. Mrs Strong, who was once so keen, is now depressed and thinks the new building will be too far out of Rome – and is making things difficult.

dispiace che non si possa creare una grande scuola internazionale con una biblioteca comune. Quanto spreco nei dipartimenti di archeologia e storia. Un gran numero di biblioteche è uno spreco enorme e perché poi torturarsi così se ciò che viene prodotto è tanto esecrabile. Ci sono istituzioni inglesi, tedesche, prussiane, americane, francesi e Dio sa quante altre. E poi c'è il nostro Archivio di Stato sotto un'altra amministrazione. Ciò che si potrebbe risparmiare in Bibbie e Who's Who potrebbe mantenere uno studente.

Nella stessa lettera descrive ancora la reazione avuta nei confronti dell'Assistente Direttore, Eugenie Strong, che si stava interessando attivamente alla costruzione della scuola e con la quale i rapporti stavano diventando sempre più tesi:

La Signora Arthur Strong [Eugenie Strong] è di pessimo umore e lagnosa. Credo pensi che la scuola diventerà troppo grande per lei ed è terrificata da quegli sgarbati degli studenti di architettura. Perché poi se la prenda solo con quelli di architettura non voglio neanche pensarlo.

Sempre durante lo stesso viaggio, ma in un'altra lettera, Lutyens osserva:

I have likened Mrs. Strong to a great big retriever and Ashby to a small wire-haired terrier that trots round after her.

Lord Esher appointed William Squire to act as the Resident Architect in Rome and supervise the building work. Lutyens, ever keen to broaden his knowledge of practical construction, wrote to Squire whilst preparing the drawings for the proposed alterations to the pavilion in an attempt to establish the building traditions in Rome: ".... I shall be glad to know whether you have inspected any building works now going on in Rome to ascertain what they are using for concrete and also whether you have paid any visits to the old buildings and excavations to ascertain what material was used for these buildings in past days, as undoubtedly lime must have been used in old Rome, cement being only a modern invention."

In March 1912 the Mayor of Rome, Ernesto Nathan, wrote to Sir Rennell Rodd, informing him of the cession of the land and structure to the Royal Commissioners for the new British School at Rome and stating that the Exhibitions Department of the Board of Trade was subsequently liberated from its obligation to remove the structure of the British Pavilion from the Valle Giulia. The way was now clear for work to begin.

Lutyens's scheme for the adaptation of the exhibition pavilion for the British School at Rome was phased to enable the work to be carried out in several stages as funds became available. The first of these phases was to reconstruct the central part of the façade to a modified design. The pavilion behind was to be retained and modified to enable the rooms to be used as artists' studios. These first two phases were to happen at once to enable the School to be used by the new arts scholars. Later phases of work were to include a new band of buildings which was to wrap around the pavilion and provide accommodation for the staff and scholars. With the eventual construction of this peripheral band, the end pavilions were to be added to the front elevation. Until this accommodation was built, the scholars would have had to find accommodation outside the school.

On 28 August 1912 Evelyn Shaw wrote to Lutyens stating that the Mayor of Rome had approved these proposals. Shaw instructed Lutyens to accept Humphreys's tender of £12,000 for the reconstruction of the façade without the end pavilions and to proceed with the drafting of a contract.

The plan for this scheme is somewhat labyrinthine in its organisation and it is evident that Lutyens experienced considerable difficulties in adapting the pavilion structure. On entering through the portico, there was to be a small square vestibule with a porter's office on the left-hand side. From the vestibule one would

A colazione da Ashby, poi in cerca di un palazzo con Evelyn Shaw e infine un tè alla British School. La Signora Strong, che prima era così entusiasta, adesso è depressa e ritiene che il nuovo edificio sarà troppo fuori Roma – e sta facendo diventare le cose difficili. Ho paragonato la Signora Strong ad un grosso cane da riporto ed Ashby ad un piccolo terrier dal pelo ispido che gli trotterella intorno".

Lord Esher nominò William Squire Direttore dei lavori a Roma per soprintendere all'attività del cantiere. Lutyens, sempre desideroso di ampliare la sua conoscenza di tecnica della costruzione, scrisse a Squire mentre stava preparando i disegni per le modifiche al padiglione, nel tentativo di determinare le tradizioni in uso per le costruzioni a Roma: "... Sarei lieto di sapere se ha ispezionato qualche cantiere aperto a Roma per accertare quale tipo di cemento usino e inoltre se ha visitato qualche vecchio edificio o qualche scavo per sapere quale tipo di materiale usassero in passato, poiché certamente nella Roma antica doveva essere usata la calce, visto che il cemento è un'invenzione moderna".

Nel marzo del 1912, il Sindaco di Roma, Ernesto Nathan, scrisse a Sir Rennell Rodd per informarlo che il terreno e la struttura per la nuova British School at Rome erano stati ceduti alla Commissione Reale e per comunicargli che, di conseguenza, il Dipartimento per le Esposizioni del Ministero del Commercio era stato sollevato dall'obbligo di rimuovere la struttura del padiglione britannico da Valle Giulia. La strada per l'inizio dei lavori era finalmente aperta.

Il progetto di Lutyens per l'adattamento del padiglione per la nuova British School at Rome era stato articolato in modo da permettere che il lavoro potesse essere portato avanti in diverse fasi a mano a mano che i fondi fossero stati disponibili. La prima di queste fasi doveva ricostruire, con alcune modifiche, la parte centrale della facciata. La struttura sul retro del padiglione sarebbe stata conservata e ritoccata in modo da poterne ricavare delle stanze da usare come studi per gli artisti. Queste prime due fasi dovevano essere portate avanti insieme per far sì che la scuola potesse essere messa a disposizione dei nuovi borsisti per le belle arti. Una fase più avanzata del lavoro doveva comprendere la costruzione di una nuova fascia intorno al padiglione per fornire gli alloggi per il personale e per i borsisti. Con la costruzione di questa fascia periferica, le estremità dei padiglioni dovevano essere aggiunte all'elevazione della facciata. Fin quando non fossero stati costruiti gli alloggi, i borsisti avrebbero dovuto trovare sistemazione fuori dalla scuola.

Il 28 agosto 1912 Evelyn Shaw scrisse a Lutyens affermando che il Sindaco di Roma aveva approvato il progetto. Shaw aveva dato a Lutyens l'ordine di accetta-

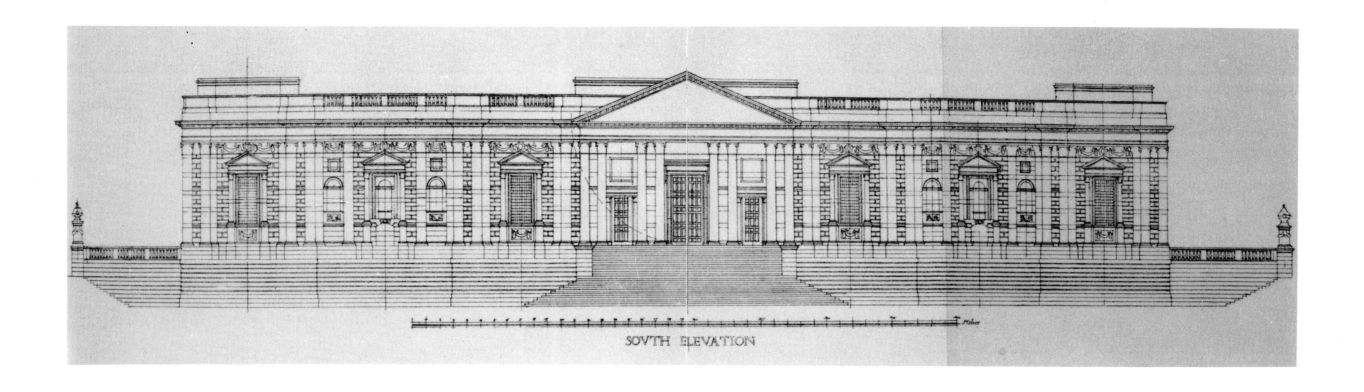

SOVTH ELEVATION

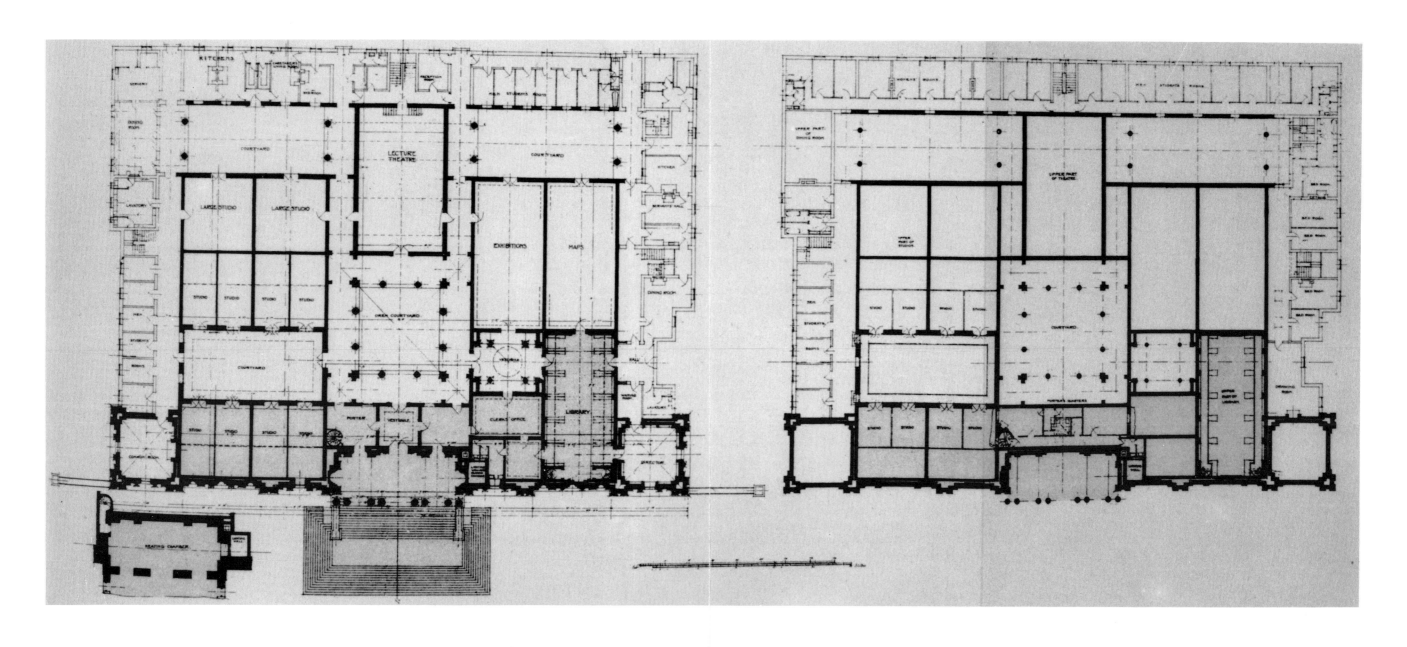

16. *Lutyens's original scheme for the adaptation of the British pavilion to become the British School at Rome*
    (The Builder, Vol. 103)

have passed onto an open colonnaded court, again square in plan, which had been the sculpture gallery in the original pavilion. Directly ahead was to be a lecture theatre, and behind this, on the north face of the building, the residents' rooms and the kitchens. The latter, outside the fabric of the Exhibition pavilion, were to be added later. On the left-hand side of this central procession of rooms and courts lay a further pair of courtyards, around which were to be grouped several studios of varying sizes. The pavilion on the western end of the front elevation was to be the common room and the peripheral strip of rooms included more residents rooms and the dining hall: all these were to have been added later. Turning right from the central open court, one would have entered a square vestibule, around which were to be gathered an exhibition gallery, a map room and the library. Beyond these, in the pavilion at the eastern end of the front façade, would have been the Director's office. The peripheral building strip along this eastern façade, to be added later, was to contain staff quarters.

The elevation for this grandiose scheme had the same four bay paired column portico as the final scheme. On either side of this is a complex rhythm of paired Corinthian pilasters. Each wing essentially has three bays, the outer ones containing windows with tabernacle surrounds, and the centre being occupied by a blind tabernacle containing a niche. Two further niches appear between each of the surrounding paired pilasters. Lutyens obviously enjoyed the challenge of adapting so radically the design of one of his favourite buildings. The resulting façade is an assemblage of elements taken from St Paul's, but each is modified to give the overall composition a pleasing coherence. In the much-quoted letter to his friend Herbert Baker (talking about the design of Heathcote), Lutyens described his attitude to classical design:

> You cannot copy: you find if you do you are caught, a mess remains... It means hard labour, hard thinking over every line in all three dimensions and in every joint; and no stone can be allowed to slide. If you tackle it in this way, the Order belongs to you, and every stroke, being mentally handed, must become endowed with such poetry and artistry as God has given you. You alter one feature (which you have to, always) then every other feature has to sympathize and undergo some care and invention. Therefore it is no mean [game], nor is it a game you can play lightheartedly.

However, despite Lutyens's attempts to provide vertical accents, the elongated façade he proposed in his original scheme has a strong, indeed dominating, horizontal emphasis, and is considerably less successful than that of the pavilion.

re il preventivo di 12.000 sterline per la ricostruzione della facciata senza le estremità dei padiglioni, fatta dalla ditta Humphreys, e di procedere alla stesura del contratto.

La pianta del progetto ha una composizione piuttosto intricata: è infatti evidente che Lutyens incontrò considerevoli difficoltà nell'adattare la struttura del padiglione. Entrando nel portico si accedeva ad un piccolo atrio quadrato con l'ufficio del custode sulla parte sinistra. Dall'atrio si passava ad un cortile scoperto con colonnato, anch'esso quadrato, che aveva costituito nel padiglione originale la galleria delle sculture. Proprio davanti era posta una sala per le conferenze e dietro questa, sul lato nord dell'edificio, le stanze per i residenti e le cucine. Quest'ultime, essendo fuori dal fabbricato del padiglione, avrebbero dovuto essere aggiunte successivamente. A sinistra di questa serie centrale di stanze e cortili erano posti altri due cortili attorno ai quali erano raggruppati diversi studi di varia grandezza. Nel padiglione all'estremità occidentale dell'elevazione frontale doveva prendere posto la sala di ritrovo, e la fascia esterna, anche questa comunque da aggiungere in un secondo momento, avrebbe incluso altre stanze per i residenti e la sala da pranzo. Girando a destra dal cortile centrale si entrava in un atrio quadrato attorno al quale erano disposte la galleria per le mostre, una stanza per le carte geografiche e la biblioteca. Dietro questi locali, nel padiglione all'estremità orientale della facciata era posto l'ufficio del Direttore. La fascia esterna lungo questa facciata orientale, anch'essa da costruire in un secondo tempo, avrebbe ospitato gli alloggi per il personale.

L'elevazione di questo grandioso progetto presentava lo stesso portico a quattro campate di colonne appaiate che ha poi avuto il progetto finale. Su entrambi i lati del portico si trova una complessa successione di pilastri corinzi appaiati. Ciascuna ala ha tre campate: le campate esterne sono fornite di finestre con edicola, mentre quelle centrali sono occupate da un'edicola cieca contenente una nicchia. Altre due nicchie sono poste in mezzo a ciascuna coppia di pilastri. Certamente Lutyens gradì l'avventura di modificare così radicalmente il disegno di uno dei suoi edifici preferiti. La facciata risulta infatti essere un insieme di elementi presi da quella di S. Paolo, ma ciascun elemento è stato adattato in modo da dare alla composizione nel suo insieme una piacevole coerenza. Nella famosa lettera all'amico Herbert Baker (nella quale considera il suo progetto per Heathcote) Lutyens delinea il suo punto di vista nei confronti del disegno classico:

> Non si può copiare: scopri che se lo fai sei intrappolato, è solo un caos... Vuol dire un grosso lavoro, riflettere molto su ogni linea in tutte e tre le dimensioni e per ogni giuntura; nessun mattone deve essere lasciato scivolare. Se lo affronti in questo modo l'Ordine ti appartiene, ed

17. *Heathcote, Ilkley, West Riding, Yorkshire, 1906*
(Country Life)

The demolition of the temporary façade began in October 1912 and was finished by 5 November 1912. Work had also begun digging the foundations for the new façade, but on 25 October the excavations were delayed pending a decision concerning the extra foundations which would be needed due to the adverse nature of the ground. Lutyens was consulted on the matter. On 7 December 1912 he sent orders to Rome that the excavations were to proceed and that a system of piers and arches in Portland cement would be adopted. Further excavations proved that the extra foundations required were not as extensive as originally thought. On reflection, the system of piers and arches was considered impractical, so it was abandoned in favour of conventional foundations. The extra work was carried out in lime and pozzolana mortar.

By now it was apparent that the work was unlikely to be finished by 1913 as had been intended originally. In the meantime, negotiations with the Mayor for additional land, required to enable Lutyens's original scheme to be carried out, were concluded and the deed of conveyance was subsequently executed by the solicitor to the Municipality.

In addition to these problems, Sir Rennell Rodd had serious doubts about the venture. In a letter he wrote to Shaw in October 1912, he voiced his concern, pointing out that unless the proposed hostel was built at the same time as the library and the lecture theatre, the work

ogni tratto, che sia stato passato mentalmente, deve essere dotato di tutta la poesia e l'arte che Dio ti ha dato. Se alteri una caratteristica (come sei comunque costretto a fare) allora ogni altra caratteristica deve essere posta in sintonia ed essere sottoposta ad un po' di cura e di inventiva. Quindi non è né [un gioco] semplice, né un gioco che si possa fare superficialmente.

In ogni caso, il prolungamento della facciata proposto da Lutyens in questo progetto, ha una forte, a dire il vero dominante, enfasi orizzontale, nonostante i suoi tentativi di dotarlo di accenti verticali, ed è notevolmente meno riuscito rispetto a quello del padiglione.

La demolizione della facciata provvisoria iniziò nell'ottobre del 1912 e venne completata il 5 novembre dello stesso anno. Venne anche iniziato il lavoro di sterro per le fondamenta della nuova facciata, ma il 25 ottobre gli scavi vennero sospesi in attesa di una decisione riguardante l'aggiunta di ulteriori fondamenta risultate necessarie a causa della natura sfavorevole del terreno. Venne interpellato Lutyens. Il 7 dicembre 1912 egli inviò a Roma l'ordine di far proseguire gli scavi e di adottare un sistema di pilastri e arcate in cemento Portland. Gli scavi successivi dimostrarono che per le fondamenta necessarie alla costruzione non era poi indispensabile un lavoro così ingente come pensato in un primo momento. Ripensandoci, infatti, il sistema di pilastri e arcate venne considerato

of the School would be severely handicapped since it was "so far out of the city"!

The extra expense incurred in constructing satisfactory foundations for the façade put the whole project in jeopardy, and on 5 February 1913 Lutyens was forced to issue the following instruction:

> I am instructed by the Commissioners of the Exhibition fund of 1851 to order you immediately to stop all works except the portico, entrance vestibule and porter's quarters, heating chamber etc; that is to say the immediate central portion of the façade and do nothing further with the walls east and west of this portion until further instructions from me.

> The intention is to revise by way of modification the wings of the façade and replace the whole of the building at the back.

At the first Executive Committee meeting of 30 June 1913 the financial problem was discussed: "it had been found necessary to expend a large sum of money on the adaptation of the building presented by Colonel Humphreys. The Royal Commissioners for the Exhibition of 1851 had early in the year requested Mr Lutyens, the architect, to prepare a new scheme for the working and living accommodation of about 25 students and staff of the school, which would occupy a less extensive area than the original scheme, and thus make free a considerable portion of the site presented by the Municipality of Rome".

It was decided to revert to the original façade design and to demolish the entire building behind, its adaptation proving too difficult. By creating a *tabula rasa* it was anticipated that it would be easier to create the accommodation required, and the hope was expressed that overly large studios could be avoided.

The whole of the original £15,000 was likely to be spent on the rebuilding of the façade to the original design and the Commissioners agreed to spend a further £5,000 to enable a start to be made on building the accommodation. Lord Esher communicated this to Lutyens in a letter, in which he concluded: "The British School at Rome is, however, very much your child, and I trust that in spite of Delhi you will continue to take an interest in it" (In 1912 Lutyens had been appointed to serve on a committee of three experts to advise the Government of India on the siting and layout of the new capital.)

Lutyens's revised proposals were much more compact than the original scheme. Their general form is well-known, being essentially the same as the scheme illustrated in the familiar bird's-eye perspective drawing.

poco pratico e venne quindi abbandonato in favore di fondamenta tradizionali. Il lavoro venne eseguito con una malta di calce e pozzolana.

Era ormai evidente che c'erano poche probabilità di finire il lavoro per il 1913 come sperato all'inizio. Nel frattempo però erano state concluse le trattative con il Sindaco per il terreno in più che era stato richiesto per portare avanti il progetto originale di Lutyens e l'atto di cessione era stato reso esecutivo dal procuratore legale del Comune.

In aggiunta a tutti questi problemi, anche Sir Rennell Rodd cominciò ad avere seri dubbi sull'impresa. In una lettera scritta a Shaw nell'ottobre del 1912 espresse le sue preoccupazioni mettendo in evidenza il fatto che a meno che l'ostello non fosse stato costruito insieme alla biblioteca e alla sala per le conferenze, il lavoro della scuola sarebbe stato gravemente svantaggiato visto che si trovava "così lontana dalla città"!

Per costruire le fondamenta per la facciata, si resero necessarie delle spese straordinarie che misero a repentaglio l'intero progetto. Il 5 febbraio 1913, infatti, Lutyens fu costretto a far circolare le seguenti disposizioni:

> La Commissione per l'Esposizione del 1851 mi ha richiesto di ordinarvi immediatamente la sospensione di tutti i lavori eccettuati quelli per il portico, per l'atrio d'ingresso, per l'ufficio del custode, per il vano caldaie, ecc.; vale a dire che si può andare avanti solo con la parte centrale della facciata senza fare altro con i muri ad est ed ovest di questa porzione fino a mie ulteriori disposizioni.

> Il proposto è quello di modificare le ali della facciata e sostituire l'intera parte posteriore dell'edificio.

Durante la prima riunione del Comitato Esecutivo, il 30 giugno 1913, venne discusso il problema finanziario: "abbiamo dovuto spendere una grossa somma di denaro per le modifiche all'edificio presentate dal Colonnello Humphreys. La Commissione Reale per l'Esposizione del 1851 ha chiesto all'inizio dell'anno all'architetto, il Sig. Lutyens, di preparare un nuovo progetto, per la ricettività lavorativa e residenziale di circa 25 studenti e del personale della scuola, in modo da occupare una superfice minore rispetto a quella del progetto originale e rendere così utilizzabile una considerevole porzione dell'area donata dal Comune di Roma".

Per la facciata venne stabilito di ritornare al progetto iniziale e di demolire l'intera parte posteriore dell'edificio che si era rivelata troppo difficile da modificare. Si prevedeva che, facendo 'tabula rasa', sarebbe stato

Behind the entrance portico of the south façade lies a grand exhibition hall with three large glazed doors facing onto a formal courtyard surrounded by a colonnade of paired ionic columns. Beyond this lies a block, two storeys high, containing the kitchens on the ground floor with the staff accommodation above. This block is pierced by a central arched opening which leads through to a second smaller courtyard. A niche, positioned centrally on the far side of the courtyard, contains a bust of Edwin Austin Abbey, whose estate paid for the erection of the northern block of the School. On either side of the bust is an open arcade with an airy corridor, off which are the artists' studios, each with large areas of glazing to the north. The natural lighting and proportions of these studios are clearly superior to those in the original scheme.

On the west side of the exhibition hall at the front of the building lies the library, balanced on the eastern side behind the great elevation by a common room. The west wing of the building was to house the Director's and Assistant Director's apartments on two floors, the top floor having residents' rooms. The eastern side facing the tennis court has a central double height dining hall backing onto the kitchen block, the rooms on the two upper floors being a mixture of administrative offices and residents' rooms. The planning of this scheme is far more simple and elegant than the original proposals, doubtless due to Lutyens being free to arrange the building as he wished without the restriction of the pavilion structure.

Again financial constraints limited the proportion of the building which could be realised immediately. However, this revised scheme could sensibly be divided into two phases, the first providing both workspace and residential accommodation, thereby enabling the School to start its projected programme of fine arts and architecture scholarships. Building work commenced as soon as the drawings were approved by the Municipality, the west and north wings being constructed first together with the library and the famous façade. The right-hand side of this façade remained as a screen until the first architecture Scholar, Charlton Bradshaw, added the common room behind it in the 1920s. Until this second phase of building, studios one and two were used as the common room and dining hall, the present Churchill Library and the adjoining room being adapted to serve as temporary scullery and kitchen respectively.

At the same time as these revised proposals were being prepared, William Squire, the Resident Architect in Rome, wrote to Lutyens informing him of the discovery that the Acqua Vergine, one of the three aqueducts supplying Rome with drinking water, passed under the site and that the Municipal authorities required the plans for the British School to be modified, moving

più facile creare gli spazi richiesti e si sperava di poter evitare degli studi eccessivamente spaziosi.

Poiché probabilmente sarebbero state spese tutte le 15.000 sterline per la ricostruzione della facciata secondo il disegno originale, la Commissione accordò altre 5.000 sterline per poter dare inizio ai lavori di costruzione degli alloggi. Lord Esher comunicò questa notizia a Lutyens in una lettera che concludeva così: "La British School at Rome è comunque una creatura tutta sua ed io confido che nonostante Delhi lei vorrà continuare ad interessarsene". (Nel 1912 Lutyens era stato nominato membro di un Comitato di tre esperti per essere di consulenza al Governo indiano sulla sistemazione ed il progetto della nuova capitale).

Dopo le modifiche effettuate da Lutyens, il progetto risultò molto più compatto rispetto a quello originario. L'aspetto globale è ben noto, essendo essenzialmente uguale allo schema illustrato nel famoso disegno panoramico prospettico.

Dietro il portico d'entrata della facciata sud è situata un'imponente sala d'esposizione con tre grandi porte a vetri che guardano verso un cortile tradizionale circondato da un colonnato di colonne ioniche appaiate. Dalla parte opposta è situato un edificio, alto due piani, comprendente le cucine al pianterreno e gli alloggi per il personale al piano superiore. Questa costruzione presenta un'apertura centrale ad arco che immette in un secondo cortile più piccolo. Una nicchia, posta centralmente dall'altra parte del cortile contiene il busto di Edwin Austin Abbey che con un lascito permise la costruzione della sezione nord della scuola. Su entrambi i lati del busto si apre un'arcata con un corridoio arioso che ospita su un lato gli studi per gli artisti, ciascuno con grandi vetrate esposte verso nord. L'illuminazione naturale e le proporzioni di questi studi sono certamente migliori rispetto a quelle del progetto originale.

Sul lato ovest della sala d'esposizione verso il davanti dell'edificio è situata la biblioteca, compensata sul lato orientale, dietro la facciata principale, da una sala di ritrovo. L'ala ovest dell'edificio doveva ospitare su due piani gli appartamenti del Direttore e dell'Assistente Direttore e all'ultimo piano le stanze per i residenti. Il lato est volto verso il campo da tennis ha una sala da pranzo centrale a doppia altezza che dà le spalle alla cucina, mentre le stanze ai due piani superiori sono utilizzate alcune come uffici amministrativi ed altre come stanze per i residenti. Il disegno di questo progetto è di gran lunga più semplice ed elegante rispetto a quello iniziale e ciò è dovuto senza dubbio al fatto che Lutyens in quest'occasione era libero di sistemare l'edificio come desiderava, senza le restrizioni della struttura del padiglione.

Alcune limitazioni finanziarie ridussero ancora una

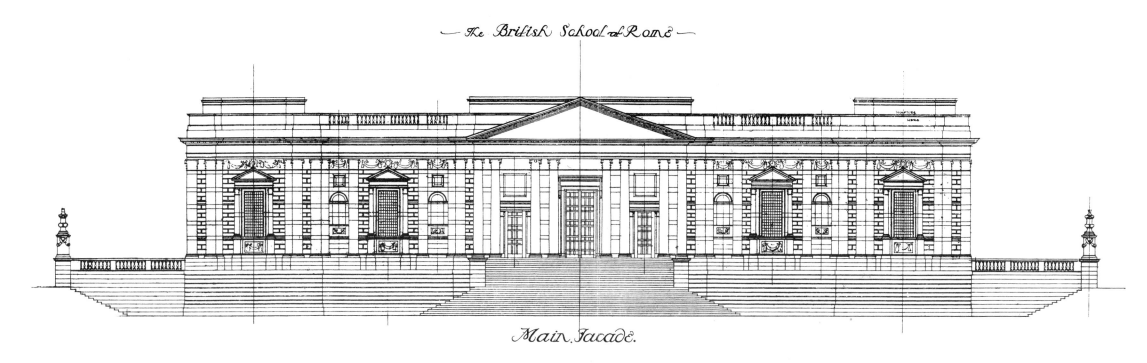

~ The British School at Rome ~

Main Facade.

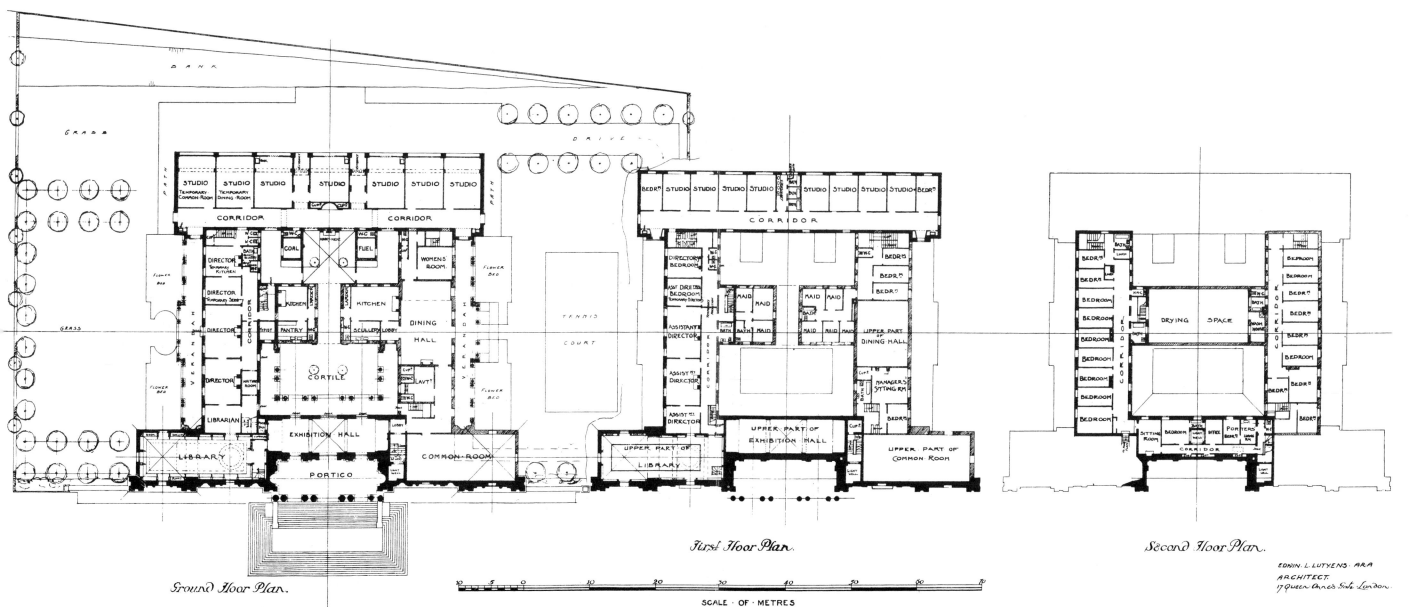

Ground Floor Plan.

First Floor Plan.

Second Floor Plan.

EDWIN·L·LUTYENS·ARA
ARCHITECT.
17 Queen Anne's Gate London

SCALE · OF · METRES

18. *Lutyens's final scheme for the British School at Rome*
(British School at Rome archive)

WCs and redesigning the drainage layout to avoid the risk of possible contamination. The presence of the Acqua Vergine had been overlooked by the Mayor, Ernesto Nathan, who had been chiefly concerned with ceding the land to the British School. The usual regulation prevented any building within ten metres of any of these three main aqueducts.

Despite this, in the autumn of 1913 Lord Esher received notification from the Municipality that they had approved the modified design for the British School at Rome. The problem of the aqueduct and the drainage remained unresolved however and it was suggested that Sir Rennell Rodd be brought in to intervene in the long-standing dispute.

It was eventually decided that a ferro-concrete tunnel should be constructed for the drains within the ten-metre zone of the aqueduct. The cast-iron pipe would be contained in this tunnel, along which a man could pass for regular inspections and, in the event of the pipe leaking effluent, it would be contained within the tunnel without seeping into the aqueduct and polluting the water supply.

In a prophetic letter to Shaw in October 1913, the architect Reginald Blomfield, who sat on the British School at Rome's Building Committee with Sir Aston Webb and Evelyn Shaw, had confided his thoughts on the final drawings: "... privately may I say that in spite of the care which has been taken, I am nervous about the estimates and contracts being exceeded as I do not think that the drawings and specifications that I have seen are nearly detailed enough to provide for a trustworthy contract and in the future interests of the School I think this matter of cost should be closely watched."

The lack of information and drawings from Lutyens's office appears to have caused tempers to fray on all sides. In July 1913 the Resident Architect, William Squire, pleaded: "shall be glad to have some definite instructions before long. At the present rate of procedure the Grand Inaugurazione will take place in about 25-30 years time". Similar frustration was felt by the builders, Humphreys, who, in a confidential letter to Evelyn Shaw in February 1914, included a copy of a letter sent to Lutyens complaining at the lack of information from the architect which, it was claimed, was seriously hampering work. Humphreys threatened to suspend work if the information was not forthcoming.

The problem persisted. In an exasperated letter to Shaw in March 1915 William Squire complained that Dr Ashby and Mrs Strong "have to ask continually for something to be reinstated which had been omitted from the contract to reduce the estimate or had not been considered when preparing the plans." Three

volta la porzione di edificio realizzabile immediatamente. In ogni caso, il progetto così modificato poté essere ragionevolmente suddiviso in due fasi, la prima delle quali, riguardante le aree di lavoro e gli alloggi, avrebbe dato alla scuola la possibilità di iniziare il programma prestabilito di borse di studio per le belle arti e l'architettura. I lavori di costruzione iniziarono subito dopo l'approvazione dei disegni da parte del Comune e le ali ovest e nord vennero realizzate per prime insieme alla biblioteca e alla famosa facciata. La parte destra della facciata restò solo un paravento finché, negli anni '20, il primo borsista in architettura, Charlton Bradshaw, non vi aggiunse dietro la stanza di ritrovo. Prima di questa seconda fase di costruzione gli studi numero uno e due venivano usati come stanza di ritrovo e sala da pranzo, mentre l'attuale sala della biblioteca di S.J.A. Churchill e la stanza adiacente erano state adattate temporaneamente come retrocucina e cucina rispettivamente.

Mentre si lavorava alla preparazione di questi progetti, William Squire, l'architetto Direttore dei lavori a Roma, scrisse a Lutyens per informarlo della scoperta che uno dei tre acquedotti che portavano a Roma acqua potabile, cioè l'acquedotto dell'Acqua Vergine, passava proprio sotto il sito e che quindi le autorità comunali avevano richiesto di modificare i progetti della British School al fine di spostare i bagni e ridisegnare i tracciati delle fognature per scongiurare il rischio di possibili contaminazioni. La presenza dell'acquedotto dell'Acqua Vergine era sfuggita al Sindaco, Ernesto Nathan, che si era soprattutto preoccupato di cedere il terreno alla scuola. Il regolamento in uso infatti, proibiva di costruire un edificio vicino a ciascuno di questi tre acquedotti principali per un raggio di dieci metri.

Ciononostante nell'autunno del 1913 Lord Esher ricevette da parte del Comune la comunicazione che il nuovo progetto per la British School at Rome era stato approvato. Il problema dell'acquedotto e delle fognature era comunque rimasto irrisolto, quindi venne suggerito di far intervenire Sir Rennell Rodd in questa lunga controversia.

Alla fine si decise di costruire, per le fognature che dovevano passare entro i dieci metri dall'acquedotto, un cunicolo di cemento armato. Questo cunicolo, all'interno del quale sarebbe stato possibile fare delle ispezioni regolari, avrebbe racchiuso le condutture in ghisa, in modo che, nel caso di rottura delle tubazioni, l'efflusso sarebbe stato contenuto dal tunnel senza infiltrarsi nell'acquedotto ed inquinare l'acqua potabile.

L'architetto Reginald Blomfield, che aveva fatto parte del Comitato per l'Edificio della British School at Rome con Sir Aston Webb ed Evelyn Shaw, in una lettera profetica a Shaw dell'ottobre del 1913, aveva confidato le sue idee sui progetti finali: "... in via del tutto confidenziale mi lasci dire che nonostante l'atten-

19. *Eugenie Strong (1860-1943)*
(British School at Rome archive)

months later Squire again vented his despair to Shaw: "My position here is not by any means an enviable one. I have to find out everything in the way of Italian customs, byelaws, regulations, etc myself. Messrs Humphreys's representative I regret gives me but little assistance in this direction as would be usual in England, the chief reason no doubt being that his knowledge of the language is practically nil. This combined with the difficulty of getting any tangible results from repeated requests to Mr Lutyens's office are no doubt responsible to a great extent for the present state of affairs".

A contemporary note (unsigned, in the School archive) explained: "As there will be no art students in Rome next session... I am going to see if it is possible to postpone the opening of the school until the new year or later, but I do not think Lutyens should know of this, otherwise he will go back to his sluggish ways".

By the middle of 1915 the building works were falling badly behind and morale was low. The delay of information from Lutyens's office was doubtless, at least in part, to blame, but as most of the materials were brought out from Britain, the problems caused by the war were undoubtedly another factor. Indeed one consignment of cast-iron pipes never arrived, being lost when the SS Bittern was torpedoed.

In June 1915 Shaw wrote to Lutyens stating that Sir Rennell Rodd had threatened to resign from the Council (upon which he sat as a direct representative of the

zione che vi è stata posta, sono inquieto all'idea che si sia ecceduto nelle spese rispetto ai preventivi e ai contratti d'appalto poiché non credo che i disegni e le descrizioni che ho visto siano tanto accuratamente dettagliati da fornire la sicurezza di un contratto affidabile e, nell'interesse futuro della scuola, penso che il problema dei costi debba essere vagliato attentamente".

La mancanza di informazioni e di disegni da parte dell'ufficio di Lutyens, infatti, sembra abbia causato malcontenti da tutte le parti. Nel luglio del 1913, l'architetto Direttore dei lavori, William Squire, supplicava: "sarei felice di avere qualche istruzione precisa entro breve tempo. Se si va avanti di questo passo la Grande Inaugurazione avverrà tra 25-30 anni". Anche Humphreys aveva avvertito una simile frustrazione e, in uno scritto confidenziale del febbraio del 1914 ad Evelyn Shaw, aveva incluso la copia di una lettera inviata a Lutyens per protestare per le scarse informazioni ricevute. Humphreys affermava che l'architetto stava seriamente ostacolando i lavori e minacciava di sospenderli se non avesse ricevuto le informazioni richieste.

Ma il problema rimase. William Squire scrisse nel marzo del 1915 una lettera esasperata a Shaw lamentandosi perché il Dott. Ashby e la Signora Strong dovevano continuamente chiedere ulteriori particolari che erano stati omessi nel contratto per ridurre il preventivo, oppure che non erano stati presi in considerazione durante la preparazione delle piante. Tre mesi più tardi Squire diede nuovamente sfogo alla sua disperazione con Shaw: "La mia posizione qui non è certamente la più invidiabile. Devo capire da solo tutto quello che riguarda le usanze italiane, le leggi, i regolamenti, ecc. Mi dispiace dover dire che il rappresentante della ditta Humphreys mi ha aiutato ben poco in questo senso, come invece sarebbe stato normale in Inghilterra, e senza dubbio la ragione principale è che la sua conoscenza della lingua è praticamente nulla. Tutto ciò, messo insieme alla difficoltà di ottenere un qualsiasi risultato concreto dalle mie ripetute richieste all'ufficio del Sig. Lutyens, è indubbiamente la causa primaria dello stato attuale delle cose".

Una nota anonima dello stesso periodo, conservata nell'Archivio della scuola, dichiara: "Poiché non ci saranno studenti per le belle arti per il prossimo anno accademico a Roma... cercherò di vedere se è possibile rinviare l'apertura della scuola fino al nuovo anno o anche più tardi, ma non credo che Lutyens dovrebbe saperlo, altrimenti riprenderà a comportarsi in maniera indolente".

Verso la metà del 1915 i lavori di costruzione erano rimasti molto indietro ed il morale era basso. Il fatto che le informazioni provenienti dall'ufficio di Lutyens arrivassero sempre in ritardo era senza dubbio, almeno

Crown) if the building was not finished by 30 July and ready for occupation.

Lutyens's reply stated his intention to send his assistant, A.J. Thomas, to Rome to sort things out, provoking a private letter from Shaw suggesting instead that Lutyens himself should go, since he was seen as the architect in the eyes of the Executive: ".... I don't think they will be satisfied unless you can become fully acquainted with the position of affairs on the spot as they consider that too much has been left to chance owing to your absence from time to time in London".

Lutyens reluctantly agreed to go to Rome himself to try to resolve matters. In a letter to his wife written on the train from Boulogne to Rome Lutyens described his feelings:

> I count the days to be home again.
> War with three committees, one in Rome and two in England make the British School so difficult and everyone seems X with me! as though I could help it, and ascribe everything to my being in India. Then the Roman Municipality with their absurd drainage rules, Mrs Strong, Rodd and all and I suppose I have given them £1500 worth of fees at least, so my journey is heavy hearted and little by little the committee, which contains Aston Webb, a delightful fellow but no humanitarian taste in my sense etc etc etc, just spoils the building and don't save money or use it to the best purpose and does not make for lovableness in building.

> [A.J.] Thomas has been tactless as usual and puts everybody in the wrong. Esher is rude and brusque and ignorant. The delay is unavoidable but everyone is X and I hate it and can't do anything without sympathy and encouragement. There is a silly clerk of works Squire, a protege of Lord Esher's, they give him £10.10 a week! quite stupid and useless. So you see the kettle— a sort of kettle your little fish Nedi is never happy in.

On arrival in Rome Lutyens found the building work to be generally at a standstill. Squire came to work only in the afternoons, seldom in the mornings, and Ashby told Lutyens that he could never find Squire on site except by appointment. "There was no organisation, no supervision, and Squire and the builder's representative were not on speaking terms." Lutyens summed up his feeling towards Squire thus: "his supervision is nil. His diplomacy is fatal. He is very stupid, very nervous, and has little technical knowledge and no power of organisation whatsoever".

On Monday 5 July Lutyens had a conversation alone with Sir Rennell Rodd and said that he would have no

in parte, da biasimare, ma i problemi causati dalla guerra costituirono senz'altro un altro fattore, visto che la maggior parte del materiale proveniva dalla Gran Bretagna. Una fornitura di tubi in ghisa, infatti, non arrivò mai a destinazione a causa del bombardamento della nave trasportatrice SS Bittern.

Nel mese di giugno del 1915 Shaw scrisse a Lutyens dichiarando che Sir Rennell Rodd stava minacciando di dimettersi dal Consiglio (a cui aveva preso parte come diretto rappresentante della Corona) se l'edificio non fosse stato terminato e pronto per cominciare la sua attività entro il 30 luglio.

Lutyens rispose affermando che aveva intenzione di inviare a Roma un suo assistente, A.J. Thomas, per sistemare le cose, e ciò spinse Shaw a scrivergli una lettera confidenziale in cui gli suggeriva invece di recarvisi personalmente, dato che agli occhi del Comitato Esecutivo era lui l'architetto: "... Non credo che si sentiranno soddisfatti finché lei non sarà messo completamente al corrente della situazione dei lavori a Roma, poiché ritengono che troppo sia stato lasciato al caso a causa della sua continua assenza da Londra".

Lutyens accettò con riluttanza di recarsi personalmente a Roma per cercare di risolvere i problemi. In una lettera alla moglie scritta sul treno da Boulogne a Roma, descrive le sue sensazioni:

> Conto i giorni che mi separano dal ritorno a casa.
> La guerra tra i tre comitati, uno a Roma e due in Inghilterra, sta facendo diventare il lavoro per la British School così difficile e tutti sembrano seccati con me! Come se fosse colpa mia e attribuiscono tutto al fatto che sto in India. Poi il Comune di Roma con le sue assurde regole per le fognature, la Signora Strong, Rodd ed il resto ed io credo di aver già offerto prestazioni per il valore di 1.500 sterline, per questo il mio viaggio è così triste e a poco a poco il comitato, del quale fa parte anche Aston Webb, un tipo molto piacevole, ma, secondo me, senza umanità ecc. ecc. ecc., ha rovinato l'edificio e non fa nulla per risparmiare soldi o per usarli per fini migliori e questo non rende affatto piacevole il lavoro.

> [A.J.] Thomas è stato come al solito indiscreto e mette tutti dalla parte del torto. Esher è maleducato e brusco e ignorante. Il ritardo è inevitabile ma sono tutti seccati e lo detesto e non posso fare niente senza simpatia e incoraggiamento. C'è uno sciocco sovrintendente ai lavori, Squire, un protetto di Lord Esher, al quale danno 10 sterline e 10 alla settimana! Del tutto stupido e inutile. Ora immagini il calderone — una specie di calderone nel quale il tuo piccolo pesce Nedi non può essere felice.

20.   Thomas Ashby (1874-1931)
       (British School at Rome archive)

further dealings with Squire until his position was defined so as to comprise the duties of a clerk of works. Lutyens reassured Rodd that the work should proceed at once and that "any material ordered from England which delayed the general progress or completion of the work by more than twenty four hours by its non-arrival was to be ordered or its nearest possible equivalent, in Rome, and the necessary steps were to be taken in advance of this possibility so that the delay should not exceed twenty four hours". As a result of this conversation, Rodd withdrew his threat of resignation and said that he would be content if the building work was completed by 1 October.

Whilst in Rome Lutyens took the opportunity to go with Ashby to meet Professor Lanciani who was trying to assist in resolving a problem in defining the final site boundaries: "Breakfast with Ashby who brought photographs of Italian furniture. Called in at Lanciani's with the layout plan which I prepared in 1914, and which has since remained in Squire's drawers!!". Lutyens explained his reasons for terracing the Valle Giulia instead of the figure of eight configuration of roads that was proposed and commented that it was "probably thanks to Squire's dilatory imagination that it is now too late". Ashby seems to have accompanied Lu-

Arrivato a Roma Lutyens trovò i lavori di costruzione ad un punto morto. Squire si recava al lavoro solo nel pomeriggio, raramente la mattina, ed Ashby riferì a Lutyens che non era possibile trovare Squire al cantiere se non dietro appuntamento. "Non c'era organizzazione, né supervisione e Squire ed il rappresentante della ditta costruttrice non si rivolgevano la parola". Lutyens riassunse così la propria sensazione nei riguardi di Squire: "la sua supervisione è nulla. La sua diplomazia è disastrosa. E' molto stupido, molto nervoso e possiede scarsa capacità tecnica e nessun potere organizzativo".

Il 5 luglio Lutyens ebbe una conversazione privata con Sir Rennell Rodd durante la quale affermò che non avrebbe avuto ulteriori rapporti con Squire se la situazione di quest'ultimo non fosse stata definita in modo da comprendere anche i doveri di un sovrintendente ai lavori. Lutyens rassicurò Rodd sul fatto che i lavori sarebbero andati avanti senza ulteriori ritardi e che "ogni materiale ordinato in Inghilterra e che avesse ritardato il progresso generale od il compimento del lavoro per più di ventiquattro ore a causa di un mancato arrivo, sarebbe stato ordinato, nel suo più vicino equivalente, a Roma e, prima che si verificasse tale possibilità, dovevano essere prese le dovute precauzioni in modo che il ritardo non potesse comunque superare le ventiquattro ore". Come risultato di questa conversazione Rodd ritirò le sue minacce di dimissioni ed affermò che si sarebbe dichiarato soddisfatto se il lavoro di costruzione fosse stato terminato entro il primo ottobre.

Intanto a Roma Lutyens ebbe l'opportunità di conoscere ,tramite Ashby, il Prof. Lanciani il quale stava offrendo aiuto per risolvere il problema dell'esatta definizione dei confini dell'area: "A colazione con Ashby che ha portato alcune fotografie di mobilio italiano. Sono passato da Lanciani con lo schema della pianta che avevo preparato nel 1914 e che è rimasta da allora nei cassetti di Squire!!". Lutyens spiegò per quale ragione aveva pensato di terrazzare Valle Giulia invece di scegliere il sistema stradale ad otto che era stato proposto e commentò: "probabilmente è grazie alla tardiva immaginazione di Squire se ormai è troppo tardi". Ashby accompagnò Lutyens per buona parte del tempo durante questa visita, inducendolo a terminare il suo rapporto con questa spiritosa notazione: "Ho pranzato con Bradshaw e Hepworth [ambedue borsisti]. A letto a mezzanotte e senza Ashby!!".

Durante la permanenza a Roma Lutyens incontrò anche la Signora Strong, e così commenta in una lettera a Shaw: "... ho visto la Signora Strong ed è stata molto mite e dolce... credo sia la reazione all'uragano!!".

Come si sperava, la visita di Lutyens a Roma ebbe effetti positivi sul progresso della costruzione e disinnescò completamente la scomoda situazione della mi-

tyens for much of this visit, provoking Lutyens to end his report of the visit by noting mischievously: "Bradshaw and Hepworth [both scholars] dine with me. In bed by twelve and without Ashby!!".

On this visit, Lutyens also met Mrs Strong, commenting in a letter to Shaw: ".... I saw Mrs Strong who was v. meek and mild .... I suppose the reaction to a storm!!".

Lutyens's visit to Rome, as hoped, had a positive effect on the progress of construction and effectively defused the awkward situation over Rodd's threatened resignation. However Squire continued to send gloomy despatches to London, reporting in November 1915 that ".... the weather .... has been nothing else but rain with no signs of improving and consequently the drainage work has suffered seriously. Italian workmen will not work in wet weather."

Earlier in the same year a shockwave from an earthquake had hit Rome, but there was no obvious damage to the School. Shaw wrote to Squire asking whether the School needed to take out insurance against damage caused by similar events in the future, but Squire reassured him that buildings constructed in pozzolana are remarkably well able to withstand such shockwaves.

The ever rising cost once again became a pressing issue, and a firm line was taken with each request for extras to the contract. A letter from Lutyens's office to Shaw in September 1915 enclosed an estimate for shower fittings as suggested by Dr Ashby for his and Mrs Strong's bathrooms but stated that nothing further was to be done about them unless Dr Ashby and Mrs Strong gave him instructions and were prepared to pay for them themselves.

The floor of the exhibition hall was to have been laid with dull black and polished white marble, but stones of the right size were not easily obtainable. It was decided instead to use travertine, which had the added advantage of being significantly cheaper.

Lutyens waived his expenses allowance of some £350 from his recent trip to Rome, so allowing some £190 of it to be used to cover fencing, water softening and the Abbey niche, all of which cost more than their original budgets.

A further problem was the cost of the library interior which could no longer be born out of the money put up by the 1851 Commission for the construction of the School. In 1914 it had been decided to have a flat ferro-concrete roof over the library instead of the timber and fibrous plaster one originally proposed. This, suggested Shaw, might "satisfy the director and the students who have been so anxious to have a roof gar-

naccia di dimissioni da parte di Rodd. Comunque Squire continuò ad inviare tristi messaggi a Londra, annotando nel novembre del 1915: "... il tempo... non ha fatto altro che piovere e non ci sono segni di miglioramento, di conseguenza il lavoro per le fognature è stato seriamente ostacolato. Gli operai italiani non lavoreranno con la pioggia".

Qualche tempo prima, durante quello stesso anno, un'onda d'urto dovuta ad un terremoto aveva colpito Roma, ma la scuola non aveva subìto danni evidenti. Shaw aveva scritto a Squire per chiedere se ci sarebbe stato bisogno di stipulare per il futuro un'assicurazione a favore della scuola contro danni causati da eventi del genere, ma Squire lo aveva rassicurato sostenendo come gli edifici costruiti in pozzolana fossero straordinariamente in grado di sopportare tali onde d'urto.

Il costo sempre crescente divenne ancora una volta una questione incalzante, quindi venne presa una linea di posizione molto severa nei riguardi di ogni richiesta supplementare non contemplata dal contratto. Nel settembre del 1915, infatti, in una lettera a Shaw proveniente dall'ufficio di Lutyens, era incluso un preventivo, richiesto dal Dott. Ashby, per gli impianti doccia della propria stanza da bagno e di quella della Signora Strong. La lettera affermava che non si sarebbe dovuto fare nulla a proposito di ciò a meno che il Dott. Ashby e la Signora Strong non avessero fornito istruzioni e non fossero stati personalmente disposti a pagare.

Il pavimento della sala d'esposizione avrebbe dovuto essere rivestito con marmo nero e bianco, il primo opaco e l'altro lucido, ma poiché non fu facile ottenere lastre della misura giusta, venne deciso di usare in alternativa del travertino, che aveva, tra l'altro, anche il vantaggio di essere significativamente più economico.

Lutyens rinunciò al rimborso spese di 350 sterline per il suo recente viaggio a Roma consentendo così di destinare circa 190 sterline alla recinzione, ai depuratori dell'acqua ed alla nicchia per Abbey, tutte cose che sarebbero costate più di quanto non fosse stato originariamente stabilito.

Un ulteriore problema in questo senso si presentò per l'arredamento della biblioteca il cui costo non poté essere coperto dai soldi stanziati dalla Commissione del 1851 per la costruzione della scuola. Nel 1914 si era deciso di costruire un tetto piatto per la biblioteca in cemento armato invece di quello in legno e in gesso fibroso che era stato originariamente proposto. Shaw notò che questo avrebbe potuto "soddisfare il direttore e gli studenti che si erano mostrati così desiderosi di avere un giardino pensile". L'aumento delle spese verificatesi per la costruzione dell'edificio presuppose un'ulteriore ricerca di fondi per l'arredamento della bi-

21.   *The Library*
     (British School at Rome archive)

den". The resulting increase in expenditure on the fabric of the building meant that additional funding had to be obtained from elsewhere for the interior of the library. A grant of £200 from the Archaeological Faculty enabled an impoverished version of the original design to be executed under the direction of Ashby who independently collected estimates for the library fittings and sent them to London.

The design was put in the hands of the Resident Architect, William Squire, and he was "authorized to obtain independent or competitive estimates" if he thought it "advisable to do so". In April 1915 Lord Esher approved Squire's design for a ferro-concrete gallery in the library and demanded that it be "carried out in an economical way employing a standard pattern of ironwork readily obtainable in the country".

The library fittings were originally intended to have been executed in English oak, but this was later modified to walnut, similar to those in the library of the American Academy in Rome. In the event, however, the shelving was executed in softwood to Squire's design. Shaw, concerned that Lutyens might try to interfere with this, wrote in confidence to Squire, advising him to point out to Lutyens that the library fittings being installed with the grant by the Faculty of Archaeology were only temporary and cheap and could

blioteca. Un'assegnazione da parte della Facoltà di Archeologia di 200 sterline, rese possibile attuare una versione più economica di forniture rispetto al progetto originario, ed Ashby, che aveva raccolto personalmente alcuni preventivi da inviare a Londra, avrebbe dovuto occuparsi dell'esecuzione.

Tutto il materiale venne posto nelle mani di William Squire, Direttore dei lavori, che venne anche "autorizzato a procurarsi altri preventivi" se avesse pensato che "sarebbe stato opportuno farlo". Nell'aprile del 1915 Lord Esher approvò il progetto di Squire per una galleria in cemento armato da realizzare in biblioteca e richiese che fosse "attuata in modo economico impiegando un modello standard in ferro che sarebbe stato facilmente reperibile in Italia".

L'idea iniziale era quella di arredare la biblioteca con legno di quercia inglese, successivamente si pensò al legno di noce, come quello utilizzato dall' Accademia Americana a Roma. Alla fine, comunque, gli scaffali vennero realizzati, secondo un progetto di Squire, in legno di conifera. Preoccupato dal fatto che Lutyens avrebbe potuto interferire, Shaw scrisse a Squire una lettera confidenziale in cui gli consigliava di far notare a Lutyens che l'arredamento della biblioteca installato con l'assegnazione dalla Facoltà di Archeologia, era solo provvisorio ed economico e che avrebbe po-

be replaced in due course by Lutyens's design, when funds became available. "This is a tip for your own private ear as you will understand, because it would not be advisable to give Lutyens the chance of making any suggestions which are pretty sure to involve the expenditure of more money than you possess for the purpose."

Further savings were achieved by reusing the shelves from the library at the Palazzo Odescalchi on the ground floor of the new one (subsequently replaced). However, the new library was not thought to be a success. The minutes of a meeting of the Building Committee noted that the work had been carried out by a firm selected by Ashby and that "the committee can therefore accept no responsibility for such work which they regret to hear is unsatisfactory, nor do they consider that any blame can be attributed to Mr Squire for the alleged shortcomings."

Ashby had wanted the library to be finished by June 1915, when the lease on the Palazzo Odescalchi expired, in order that the books could be transferred directly to the new library, but with the inevitable delays the library was not finished on time. Sir Rennell Rodd managed, however, to get the lease on the Palazzo Odescalchi extended until the work was completed.

Despite Ashby's apparently disappointing performance with the library interior, he was generally held in high regard by all and took an active interest in the progress of the works. A letter from William Squire to Lutyens's office in 1912 noted "I shall be glad to have the plans you promised... showing the final scheme as Dr Ashby is continually sending interested people to look over the buildings". Amongst the many visitors Ashby took to see the building under construction were Lord Beauchamp, Sir John and Lady Pope and Mr Robert Mond.

Though Ashby served with the Red Cross in the Udine region during the war, he was involved with numerous activities connected with the establishment of the new School. These included the debate as to the position of the new road and negotiations with the electricity company. A letter from Squire to Shaw in January dated 1915 stated that "the question of the northern boundary is not yet settled between the Municipio and the Institute di Agricultura and Dr Ashby has got Prof Lanciane [sic] (one of the senators) to interest himself in the matter". Ashby was also in touch with the new Mayor, Prince Colonna, on various matters including the laying out of the ground around the new building.

Lanciani was consulted by Ashby on the type of fence to be used around the site; he recommended expanded metal fences for the east and west boundaries, as had been specially selected to enclose the Baths of Caracalla and the Zoological Gardens.

tuto essere sostituito, seguendo il suo disegno, quando fossero stati disponibili i fondi. "Il mio è un suggerimento strettamente personale, come capirà, perché non sarebbe consigliabile dare a Lutyens la possibilità di fare altre proposte, visto che è quasi sicuro che sarebbero necessari più soldi di quanti non se ne abbiano a disposizione".

Altri fondi vennero risparmiati riutilizzando per la nuova biblioteca gli scaffali che si trovavano al pianterreno della biblioteca di Palazzo Odescalchi (successivamente sostituiti). In ogni caso, non si pensava certo che la nuova biblioteca sarebbe stata un successo. Il verbale di una riunione del Comitato per l'Edificio riferisce che il lavoro era stato effettuato da una ditta scelta da Ashby: "il comitato non può quindi assumersi la responsabilità di tale lavoro anche se si duole di sapere che non è soddisfacente, e non ritiene neppure che la colpa dei presunti difetti possa essere attribuita al Sig. Squire".

Ashby avrebbe voluto che la biblioteca fosse terminata per il mese di giugno del 1915 contemporaneamente allo scadere del contratto per Palazzo Odescalchi, in modo da poter trasferire i libri direttamente alla nuova biblioteca. Ma con tutti gli inevitabili ritardi, la biblioteca non fu finita in tempo. Comunque Sir Rennell Rodd riuscì a far sì che il contratto d'affitto per Palazzo Odescalchi fosse protratto fino al completamento dei lavori.

Nonostante la deludente prestazione fornita nel caso dell'arredamento della biblioteca, Ashby era generalmente tenuto in grande considerazione da tutti e dimostrava un attivo interesse al progredire dei lavori. Una lettera del 1912 di William Squire per l'ufficio di Lutyens osserva: "Sarei felice di poter avere come da lei promesso... le piante del progetto finale poiché il Dott. Ashby sta continuamente mandando interessati a visitare il cantiere". Tra i molti visitatori che Ashby invitò a vedere l'edificio in costruzione si annoverano Lord Beauchamp, Sir John and Lady Pope ed il Sig. Robert Mond.

Sebbene fosse in servizio con la Croce Rossa ad Udine durante la guerra, Ashby riuscì ugualmente a prendere parte a numerose attività connesse con l'installazione della nuova scuola. Tra queste sono da considerare sia la questione per la posizione della nuova strada, che le trattative con la compagnia elettrica. Una lettera scritta da Squire nel gennaio del 1915 [o 1916?] indirizzata a Shaw dichiara: "il Comune e l'Istituto di Agricoltura non hanno ancora definito il problema del confine nord, il dott. Ashby ha quindi richiesto al Prof. Lanciane [sic] (uno dei senatori) di interessarsi personalmente al caso". Ashby aveva anche preso contatti con il nuovo Sindaco, il Principe Colonna, per diverse questioni, tra le quali quella del tracciato del terreno intorno al nuovo edificio.

Ashby's interest in the security of the new building led to an amusing piece of correspondence. Ashby was worried that the fence on the podium walls was not sufficient to keep out tramps. In addition he proposed fencing off the portico, since "the door furniture may disappear in the night." Squire informed Shaw, "it is quite common to remove brass door handles of any value at night, replacing them again in the morning, even in the best thoroughfares in Rome ....". Ashby's suggestion of a fence was thought to be unsightly by all and was not adopted. Similarly Squire's advice was thought to be impractical and rejected!

However, Ashby's enthusiasm for the project and his considerable assistance with matters relating both to the progress of the construction and with Scholars' work were clearly appreciated by all. Consequently, when the Executive Committee met in 1915 to consider his reappointment, they concluded "There is no question about his usefulness to students of the Faculty of Archeology and we are told that the Art Students have found him extremely valuable and it is generally felt by these students that he is indispensable". He was therefore reappointed for a further three years.

In January 1916 Ashby took leave from the Udine region and went to Rome for a fortnight. He paid several visits to the building and "seemed satisfied with things generally considering the unfavourable circumstances under which the work has had to proceed." A week later he wrote to Lutyens to say that he was making a personal application for the water supply and arranging for a caretaker to look after the building from March 1916 and for someone to look after the garden, concluding "I shall then take over the building from Messrs Humphreys representative ....". The work was finally completed on 30 April 1916 and Ashby took possession of the building on that date.

A few things remained to be finished: a letter from Messrs Dolby and Williamson to Evelyn Shaw in May 1917 discussed the size of water tanks required on the roof of the School, noting that there were "... about ten persons now in residence but ultimately forty five persons of whom you consider only twenty persons will take daily baths"!

The first contract for the rebuilding of the façade had been estimated to be in the region of £13,000 but had cost almost £14,500. The second contract had been expected to cost around £20,000, but the extras amounted to over £1000. The contractors, Humphreys, only submitted their final account in 1921, five years after completion of the contract. This delay was due to the war and the difficulty of gathering outstanding accounts from the numerous subcontractors.

The School was finally able to commence its programme of activities, though soon the need was felt for further accommodation. In April 1921 Shaw wrote to Sir

Ashby consultò Lanciani per avere un consiglio sul tipo di recinzione da porre attorno al terreno: questi suggerì di usare un recinto di lamiera stirata per i confini est ed ovest, visto che lo stesso sistema era stato appositamente scelto anche per recingere le Terme di Caracalla ed il Giardino Zoologico.

L'interesse di Ashby per la sicurezza del nuovo edificio portò ad un divertente scambio di corrispondenza. Egli era preoccupato che la recinzione sui muri del basamento non fosse sufficiente ad evitare l'intrusione di vagabondi, quindi propose di recingere anche il portico poiché "durante la notte le maniglie della porta potrebbero sparire". Squire infatti informò Shaw: " è piuttosto comune a Roma, anche nelle strade principali, togliere di notte le maniglie di bronzo di buona qualità e rimetterle di giorno...". Il recinto proposto da Ashby venne considerato da tutti antiestetico e quindi non venne adottato. Allo stesso modo anche il suggerimento di Squire venne scartato perché reputato poco pratico!

Comunque l'entusiasmo di Ashby per il progetto ed il notevole contributo da lui apportato alle questioni relative sia allo svolgimento dei lavori di costruzione che all'attività dei borsisti, venne sicuramente apprezzato da tutti. Di conseguenza, quando il Comitato Esecutivo si riunì nel 1915 per considerare il suo reincarico, le conclusioni furono le seguenti: "Non c'è alcun dubbio riguardo la sua utilità nei confronti degli studenti della Facoltà di Archeologia e ci è stato riferito che gli artisti lo considerano molto prezioso e tra gli studenti in generale si ritiene che egli sia indispensabile". Gli venne quindi rinnovato l'incarico per altri tre anni.

Nel gennaio del 1916 Ashby partì da Udine e venne a Roma per una quindicina di giorni. Dopo diverse visite all'edificio "sembrò generalmente soddisfatto di tutto, viste le circostanze poco favorevoli che avevano accompagnato lo svolgimento del lavoro". Una settimana più tardi scrisse a Lutyens per fargli sapere che aveva fatto personalmente domanda per l'allaccio dell'acqua potabile, che aveva disposto ogni cosa per avere un custode a controllo dell'edificio a partire dal mese di marzo del 1916, per trovare qualcuno che si prendesse cura del giardino e conclude: "ora dirigerò l'edificio al posto del rappresentante della ditta Humphreys...". Il lavoro venne finalmente portato a termine il 30 aprile 1916 ed Ashby da quello stesso giorno prese la direzione della scuola.

Restavano ora da completare solo alcune cose: in una lettera dei Signori Dolby e Williamson per Evelyn Shaw del maggio del 1917 furono prese in considerazione le misure che avrebbero dovuto avere i serbatoi dell'acqua da porre sul tetto della scuola, considerando che c'erano "... al momento circa dieci persone residenti, ma in definitiva potrebbero essercene quarantacinque e di questi si può ritenere che solo venti faranno un bagno al giorno"!

Rennell Rodd announcing that "we propose to erect galleries in the ground floor studios in order to provide further sleeping accommodation for the artist .... we came to the conclusion that it was the only possible way of increasing accommodation until we are in a position to build properly".

Using studios one and two as the dining hall and common room was clearly unsatisfactory and this, combined with increased numbers of people using the School, meant that further accommodation had to be provided. To complete Lutyens's design would have involved considerable expense with the building of the central kitchen and service block in addition to completing the quadrangle. It was clearly beyond the means of the British School to contemplate such a grand scheme and, as it stood, his proposals could not be subdivided into two further phases.

For this reason, Charlton Bradshaw, the first architecture Scholar, was asked to draw up an alternative scheme, comprising a common room, kitchen, secretaries' office and extra rooms, occupying approximately one third of the final east wing. Bradshaw became the consultant architect to the British School and oversaw both this extension and the eventual completion of the east wing between July 1937 and October 1938.

The common room was built behind the vacant east end of the front façade. The proposals generally retained the spirit of Lutyens's design, the new elevations blending well with their older neighbours. Bradshaw resisted the temptation to make some self-conscious effort to distinguish his work from that of Lutyens. The most significant aspect of the new proposals was the placing of the kitchen under the common room, so avoiding the need for the central block in Lutyens's, design, the result being both economical and practical, making intelligent use of the sloping site. The contract was placed with an Italian firm and work started on 21 May 1923, finishing on 1 January 1926.

In the 1930s the concrete ceiling of the common room began to sag in an alarming way, the brick partitions between the staff bedrooms above proving to be too heavy for the concrete structure. They were consequently removed and the structure cobbled up behind the plywood facing to the beams of the ceiling.

Bradshaw's proposals for the extension in the 1920s had included outline plans for a final phase showing a loggia on the east wing between the courtyard and the tennis court at ground level. The east wing was completed to the designs of Charlton Bradshaw in 1937, the execution of the work being entrusted to the School's Italian architect Commendatore E. Rossi. The contract was signed in July 1937, the construction finished by Easter 1938 and the wing opened in October 1938. In the event, the ground-floor loggia Bradshaw

Il primo preventivo per la ricostruzione della facciata era stato fissato sulle 13.000 sterline, ma il lavoro ne era costate almeno 14.500. Il secondo preventivo prevedeva un costo di circa 20.000 sterline, ma ci furono spese aggiuntive per più di 1.000 sterline. La ditta Humphreys presentò il conto finale solo nel 1921, cioè cinque anni dopo il completamento dei lavori. I motivi di tale ritardo furono dovuti da una parte alla guerra e dall'altra alle difficoltà incontrate nel raccogliere i conti insoluti dei numerosi subappaltatori.

La scuola fu finalmente in grado di iniziare il proprio programma di attività, sebbene sopraggiungesse presto la necessità di ulteriori alloggi. Nell'aprile del 1921 Shaw scrisse a Sir Rennell Rodd dichiarando: "abbiamo proposto di creare dei ballatoi negli studi al piano terra in modo da fornire ulteriori posti letto per gli artisti... siamo venuti alla conclusione che questo è il solo modo per aumentare gli alloggi finché non siamo in grado di costruirne altri veri e propri".

Naturalmente, il fatto di dover utilizzare gli studi numero uno e due come sala da pranzo e stanza di ritrovo e il numero sempre crescente di persone che frequentavano la scuola, fece presto sentire la necessità di provvedere ad ulteriori alloggi. Per portare a termine il progetto di Lutyens si sarebbe dovuta spendere una somma considerevole dovendo aggiungere, per completare il quadrangolo, la cucina ed i vani di servizio. Considerare un progetto così grandioso era ovviamente fuori dalle possibilità della British School e, nell'attuale situazione, il disegno non poteva più comunque essere suddiviso in due fasi successive.

Per questa ragione venne chiesto a Charlton Bradshaw, il primo borsista in architettura, di disegnare un progetto alternativo che comprendesse la stanza di ritrovo, la cucina, l'ufficio della segreteria ed altre stanze, occupando approssimativamente un terzo dell'estremità dell'ala est. Bradshaw, diventato architetto consulente della British School, poté sovrintendere, tra il luglio 1937 e l'ottobre 1938, sia a quest'ampliamento che alla realizzazione conclusiva dell'ala est.

La stanza di ritrovo doveva essere costruita dietro l'estremità est, non ancora utilizzata, della facciata frontale. Il progetto mantenne in linea generale lo spirito del disegno di Lutyens, riuscendo ad armonizzare le nuove elevazioni con le parti circostanti. In definitiva Bradshaw resistette alla tentazione di differenziare il proprio lavoro da quello dell'architetto. Senz'altro la miglior idea del nuovo progetto fu quella di porre la cucina sotto la stanza di ritrovo in modo da evitare il blocco centrale previsto dal progetto di Lutyens e ottenere così risultati sia economici che pratici sfruttando intelligentemente il terreno in pendenza. L'appalto venne assegnato ad una ditta italiana ed i lavori, iniziati il 21 maggio 1923, vennero terminati il primo gennaio 1926.

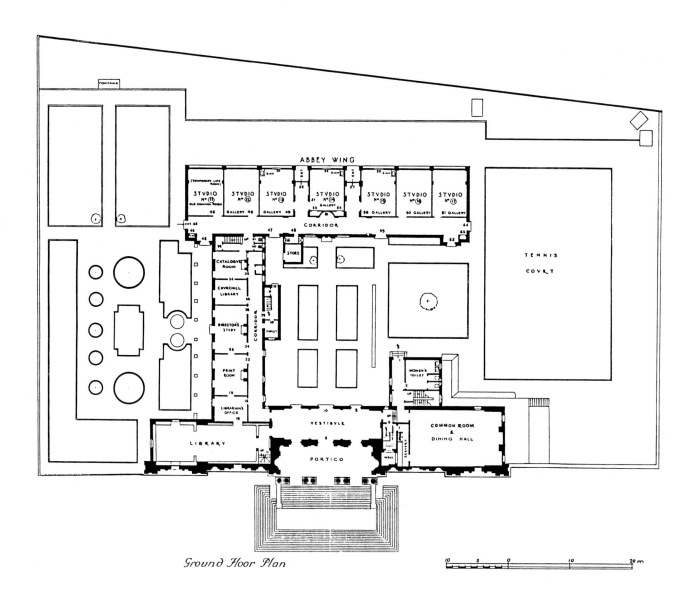

Ground Floor Plan

22.   Charlton Bradshaw's scheme for the common room extension
       (British School at Rome archive)

had originally proposed for this side of the courtyard was abandoned, it being thought more sensible to provide additional accommodation. For this same reason, the earlier intention to build only two storeys with a flat roof was abandoned for the three-storey block which was finally built. The elevations of this block again continue the character of those of Lutyens's original scheme, giving the whole school an appearance of pleasing unity. Whilst the final building may lack something of the grandeur and richness of decoration promised in Lutyens's design, its character is nevertheless relatively homogeneous, a rare phenomenon in a building constructed in several phases under the hands of several architects!

At the same time as the completion of the eastern wing, the library was reorganised to accommodate the substantial Ashby library of Roman and Italian topography which the School had acquired. The library, ever expanding, began its creep down the west side of

Nel 1930 il soffitto di cemento della stanza di ritrovo cominciò ad incurvarsi in maniera allarmante dimostrando che i muri di divisione delle stanze del personale, situate al piano superiore, erano troppo pesanti per la struttura di cemento. I muri divisori vennero di conseguenza rimossi e la struttura venne accomodata alla meglio con dei pannelli di compensato posti a rivestire le travi del soffitto.

I disegni realizzati da Bradshaw negli anni '20 includevano l'abbozzo di alcune piante per la fase definitiva dell'edificio che avrebbe dovuto comprendere una loggia al piano terra dell'ala est tra il cortile ed il campo da tennis. Quest'ala venne completata seguendo i progetti di Charlton Bradshaw nel 1937 e l'esecuzione del lavoro venne affidata al Commendator E. Rossi, architetto italiano della scuola. Il contratto venne siglato nel luglio del 1937, i lavori di costruzione terminarono per la Pasqua del 1938 e l'ala venne inaugurata nell'ottobre del 1938. La loggia al pianterreno, origina-

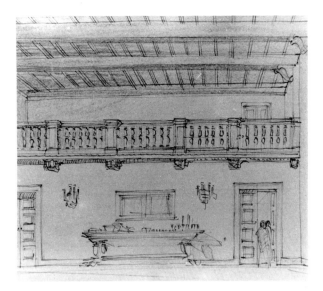

23. *Bradshaw's perspective of the common room looking towards the fireplace*
(The Builder, 29 August 1924)

24. *Bradshaw's perspective of the common room looking towards the gallery*
(British School at Rome archive)

the building. The addition of the library of S.JA.. Churchill, dealing with the art of silversmiths and goldsmiths, had made the need for expansion more acute.

That Lutyens's second design was not realised in its entirety is disappointing. The building, from the surviving plans, promised to have been elegant in composition and rich in detail. Some parts of the British School today have a semblance of nudity where the original designs were not fully realised. However, Bradshaw's modified scheme of the 1920s created the sizeable and shady courtyard in the centre of the building which now forms the hub of the life of the School, especially in the summer.

riamente progettata da Bradshaw per questo lato del cortile, non venne realizzata, essendo al momento molto più ragionevole provvedere ad aumentare gli alloggi. Per questa stessa ragione venne abbandonata l'idea iniziale di costruire solo due piani con un tetto piatto e si preferì invece costruire un blocco di tre piani. Anche l'elevazione di questa costruzione riprendeva le caratteristiche del progetto originario di Lutyens, dando alla scuola nel suo insieme un aspetto di piacevole uniformità. Quindi, anche se l'aspetto finale dell'edificio non ha quell'imponenza e quella ricchezza di decorazioni previste dal progetto di Lutyens, il suo carattere resta, comunque sia, relativamente omogeneo; fenomeno piuttosto raro in edifici costruiti in diverse fasi e disegnati da vari architetti!

Durante la fase di completamento dell'ala orientale, venne riorganizzata anche la biblioteca per sistemare la considerevole collezione libraria di Ashby, riguardante soprattutto la topografia romana ed italiana, che la scuola aveva acquisito. La biblioteca, in continua espansione, cominciò ad infiltrarsi nell'ala ovest dell'edificio. La successiva acquisizione della collezione di S.J.A. Churchill, composta da volumi sull'arte dell'oreficeria in oro ed in argento, fece avvertire ancora più forte l'esigenza di uno spazio più ampio.

E' un peccato che il secondo disegno di Lutyens non sia stato realizzato nella sua integrità. L'edificio, stando alle piante che ne restano, sarebbe risultato elegante nella composizione e ricco nei dettagli. Alcune parti della British School, quelle in cui il progetto originale non venne pienamente rispettato, hanno infatti oggi un aspetto un po' povero. In ogni caso, il disegno modificato da Bradshaw negli anni '20 diede luogo alla creazione del grande ed ombreggiato cortile al centro dell'edificio che oggi costituisce, soprattutto in estate, il fulcro della vita della scuola.

25. *The Entrance Hall*
(British School at Rome archive)

The excitement of the day has been my seeing Aston Webb who is very excited about Rennell Rodd's proposal about the British School. He also talked about the RA in a nice, friendly way. If it comes off – the Rome affair – it will be a great feather in my cap. Webb says he has seldom been so excited.

In this letter to his wife, Lutyens's recorded his feelings after what was evidently a most important meeting with Aston Webb, the President of the Royal Academy. The building of the British School at Rome, regarded as an academy of classical design, represented a solid achievement both for Lutyens and the establishment of his ideals (he continued to support it after the completion of the first phase of building, serving for many years on the Faculty of Architecture, before retiring finally in the mid 1930s). So strongly did he support the aims of the British School that he gave his services free of charge making a present of his plans and elevations for the rebuilding, supervising the work and making several trips to Rome at his own expense. Hussey argues that it was because of his work for academic art in the British School at Rome that he was made an Associate of the Royal Academy in 1913. He was to become its President in 1938.

The building of the British School at Rome also coincided with Lutyens's appointment as a member of the

Il fatto più eccitante del giorno è stato di aver visto Aston Webb molto agitato dalla proposta di Rennell Rodd di far diventare il padiglione di Roma la sede permanente della British School. Ha anche parlato della Royal Academy in modo simpatico e cordiale. Se riesce – quest'affare a Roma – sarà una bella piuma sul mio cappello. Webb dice che raramente si è sentito così eccitato.

In questa lettera alla moglie Lutyens descrive le sue sensazioni dopo l'importante incontro con Aston Webb, il Presidente della Royal Academy. La creazione della British School at Rome, considerata un'accademia per lo studio del classicismo, ha rappresentato un grosso successo sia per Lutyens stesso che per la realizzazione dei suoi ideali (egli continuò a sostenere la scuola anche dopo il completamento della prima fase dei lavori e prestò servizio per molti anni alla Facoltà di Architettura, prima di ritirarsi alla metà degli anni '30). Lutyens sostenne così energicamente gli intenti della British School, da rendere gratuitamente i suoi servigi, realizzando senza alcun compenso le piante e le elevazioni per la ricostruzione, sovrintendendo ai lavori e facendo a sue spese numerosi viaggi a Roma. Hussey sostiene che è stato grazie al lavoro da lui svolto gratuitamente per la British School at Rome che venne nominato Socio della Royal Academy nel 1913. Comunque ne divenne il Presidente nel 1938.

26. *The British School at Rome after the completion of the courtyard*
     (Drawing by Philip Hirst, British School at Rome archive)

THE · BRITISH · SCHOOL · AT · ROME.
1937

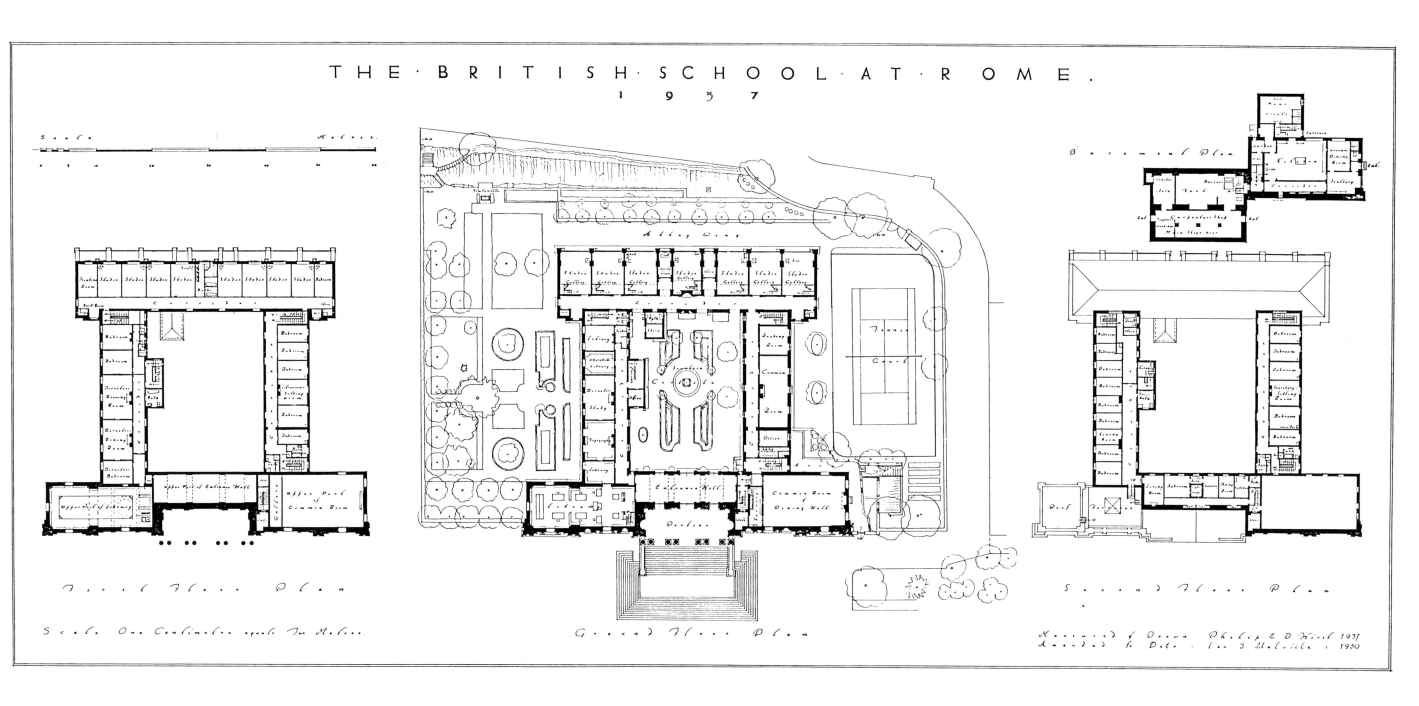

27. *The British School at Rome after the completion of the courtyard*
    (Drawing by Philip Hirst, British School at Rome archive)

three-man Delhi Planning Committee. In the formative stages of the design of the Viceroy's House in New Delhi, Lutyens sent Lord Hardinge photographs of a selection of his buildings. From these, it is interesting to note, the Viceroy picked out the British School at Rome and the classical court at Papillon Hall, built nine years before, as being likely to have most bearing on the conception of the Viceroy's House.

The commission for the British School at Rome and that for New Delhi were, however, even more closely linked, as both had government connections. A letter from Herbert Baker to Lutyens about New Delhi makes reference to the building in Rome, stating that Baker had heard the British government was nervous of Lutyens on account of the tenders for the British School having come in at twice the amount of his estimate.

The building of the British School at Rome and Lutyens's trips to Italy came at a particulary significant stage in his life. He was conscious of the need to widen his scope – to undertake those public buildings and monuments by which the ambitious architect must make his reputation with posterity. He may also have been feeling that the possibilities of the "Wrennaissance" vernacular manner had been pushed to their limit. The opportunity therefore to make the Grand Tour, albeit in a hurried fashion, was extremely fortunate, and marks the threshold of the transition he was about to make in his art to a more monumental classicism.

On his first trip, Lutyens exclaimed "I do wish I could have come with Wren!". Seeing for the first time buildings he knew so well from photographs and engravings, he noted,

> all very wonderful and to see things one knows from illustrations – down a little street and lo and behold stands some old loved friend in the form of a doorway, staircase, a palace. I recognise some by their backs, backs which I have never seen.

> There is so much here in little ways of things I thought I had invented!! no wonder people think I must have been in Italy.

Elsewhere he commented:

> the splendid waste of space in the buildings and the economy of it in roadways is the very reverse of what we lay down as right in England. The lavish space given away in staircases makes me sick with envy...!

> Another thing that astonishes me is the fact of a small amount of window area required to light a room brilliantly well.

La costruzione della British School at Rome coincise con la nomina di Lutyens a membro della Commissione, formata da tre esperti, per la pianificazione della città di Delhi. Durante la fase iniziale del disegno per la Casa del Vicerè a Nuova Delhi, Lutyens inviò a Lord Hardinge alcune fotografie scelte tra le sue opere. E' interessante far notare che, tra queste, il Vicerè scelse, come modelli più idonei, la British School at Rome ed il cortile di stile classico a Papillon Hall, costruito nove anni prima.

L'incarico per la British School at Rome e quello per Nuova Delhi possono essere equiparati anche per il fatto che entrambi vennero posti sotto il controllo del Governo. Una lettera inviata da Herbert Baker a Lutyens e riguardante Nuova Delhi, fa riferimento all'edificio di Roma: Baker era venuto a sapere che il Governo britannico era in tensione con Lutyens a causa dei costi per la British School, praticamente raddoppiati rispetto ai preventivi.

La costruzione della British School at Rome ed i viaggi di Lutyens in Italia avvennero in un momento particolarmente significativo della sua vita. Egli era cosciente della necessità di ampliare le sue opportunità e di essere pronto ad intraprendere incarichi per quegli edifici o monumenti pubblici grazie ai quali un architetto ambizioso può accrescere la propria fama presso i posteri. Probabilmente avvertiva anche che le possibilità dello stile vernacolare inglese della "Wrennaissance" [cioè l'uso dello stile rinascimentale adottato da Wren] erano state portate al limite. Quindi l'opportunità di fare il Grand Tour, anche se frettolosamente, rappresentò per lui una vera fortuna e segnò l'inizio del cambiamento che stava per avvenire nel suo stile artistico verso un classicismo più monumentale.

Durante il suo primo viaggio Lutyens esclamò "Mi sarebbe piaciuto poter venire con Wren!". Vedendo per la prima volta dal vero edifici che conosceva così bene perché visti su fotografie e stampe, commenta:

> è tutto splendido, poter vedere le cose che si conoscono dalle illustrazioni – giù per un vicolo e toh! trovare una vecchia amata conoscenza nella forma di un vano di una porta, in una scalinata, in un palazzo. Alcuni li riconosco dalle spalle anche se non li ho mai visti da dietro.

> Ci sono tante di quelle cose qui che io invece avevo pensato di aver inventato!! Nessuna meraviglia che la gente pensi che io sono già stato in Italia.

E altrove:

> il grandioso spreco di spazio all'interno degli edifici ed il risparmio che se ne fa per le strade è esattamente il contrario di quello che noi con-

His observations on the urban context in which he found his favourite palaces, however, were rather less enthusiastic, commenting that "the streets are too narrow for the palaces that stand on them from any point of view. The effect is not really great or happy." He exclaimed that his "old friends", as he called them, "come in the strangest places and in the oddest relation to each other". Such comments were, however, used solely to describe his reaction to matters of urban planning, and are hardly surprising considering his well-known preference for a more formal and spacious approach: such views were commonly held at that time. However, his comments on architecture, even simple rural buildings, are full of bubbling enthusiasm: "... their little rolls of bricks, and roofs as thick as the furrows of a plough, blazed with light and great shadows from it".

On the siting of buildings in the landscape he was similarly delighted, noting that "the great buildings on the hill-tops excite me fearfully. High. High up against the sky and how the devil do they get to them, still more at them to build them". He may well have had such memories in mind when planning Castle Drogo in its dramatic location in Devon two years later.

The British School at Rome was Lutyens's only commission in Italy and although not his most interesting building from a purely architectural point of view, the commission, with all that it involved, still forms a significant milestone in his professional career. His election to the Royal Academy, his activities in New Delhi, and the focus of his architectural interests, all appear to have been influenced to some degree by his commission to design the British School at Rome. Since its completion, many people have passed through the School, a significant proportion of whom have gone on to enjoy distinguished careers in their various fields. For these people, the link with the British School at Rome marks an important chapter in their lives, as indeed it did for Sir Edwin Lutyens, regarded, both by his contemporaries and by subsequent generations, as one of the giants of British architecture.

sideriamo giusto in Inghilterra. Tutto quello spazio impiegato per le scalinate mi fa star male dall'invidia...!

Un'altra cosa che mi meraviglia è come poche finestre possano illuminare splendidamente una stanza.

Le osservazioni sull'ambiente urbano nel quale trovò i suoi palazzi preferiti furono comunque assai meno entusiastiche quando annotò: "le strade sono sotto tutti i punti di vista troppo strette per i palazzi che si ergono ai lati. L'effetto non è davvero né grandioso né felice". Sostiene inoltre che queste "vecchie conoscenze", come lui le chiama, "spuntano nei posti più impensati e con relazioni reciproche delle più insolite". Egli comunque fece commenti di questo genere soltanto per descrivere le sue reazioni nei riguardi della pianificazione urbana e non ci si può sorprendere più di tanto, se si considera la sua ben nota preferenza, tra l'altro abbastanza comune a quel tempo, per un'impostazione più formale e spaziosa. Le sue osservazioni sull'architettura, comunque, anche se si tratta di semplici edifici rurali, sono spesso piene di effervescente entusiasmo: "... quei piccoli cilindri di mattoni e i tetti spessi come solchi di un aratro, brillano di luce e di grosse ombre".

Era ugualmente deliziato dall'ubicazione degli edifici fuori dalle aree urbane "quelle grandi case sulle cime delle colline mi eccitano terribilmente. In alto. Su in alto contro il cielo, ma come diavolo fanno ad arrivare fin lassù e ancora di più a costruirle". Avrà sicuramente avuto questi ricordi in mente due anni dopo, quando disegnava Castle Drogo e doveva affrontare la sua scomoda posizione nel Devon.

La British School at Rome è stato l'unico incarico che Lutyens abbia avuto in Italia e, sebbene non sia l'edificio più interessante da lui realizzato sotto un punto di vista architettonico, costituisce comunque, con tutto ciò che ha implicato, una pietra miliare per la sua carriera professionale. La sua nomina alla Royal Academy, l'attività a Nuova Delhi, il punto focale dei suoi interessi architettonici, tutto insomma sembra essere stato in qualche modo influenzato da questa commissione per la British School at Rome. Dal momento in cui è stata terminata, molte persone vi hanno risieduto e di queste una buona parte ha potuto godere di un'ottima carriera nel proprio campo. Per queste persone il legame con la British School at Rome ha costituito un capitolo importante nella vita, come è stato certamente anche per Sir Edwin Lutyens, considerato, sia dai suoi contemporanei che dalle generazioni successive, uno dei giganti dell'architettura britannica.

BIBLIOGRAPHICAL NOTE

There are many sources for further reading on the life and work of Edwin Lutyens, but the following are particularly relevant: *Lutyens*, exhibition catalogue, Arts Council of Great Britain, London ,1981; A.S.G. Butler, *The Architecture of Sir Edwin Lutyens,* 3 volumes, Country Life, London, 1950; C. Hussey, *The Life of Sir Edwin Lutyens*, The Antique Collectors Club, Woodbridge, 1989 (Country Life, 1950); M. Lutyens, *Edwin Lutyens by his daughter,* John Murray, London, 1980; C. Percy, & J. Ridley, *The Letters of Edwin Lutyens to his wife, Lady Emily,* Hamish Hamilton, London, 1988; M. Richardson, *Catalogue of the Drawings Collection of the Royal Institute of British Architects: Edwin Lutyens,* Gregg International Publishers Ltd, Farnborough, 1973.

Concerning the 1911 Exhibition in Rome, the following are particularly useful: *Roma– Rassegna Illustrata dell'Esposizione del 1911,* giugno 1910-gennaio 1912; *Roma 1911*, exhibition catalogue, Roma, 1980. For more detailed information on the British Pavilion at this Exhibition and the subsequent conversion of the building into the British School at Rome, consult: E.V. Lucas, *The Life and Work of Edwin Austin Abbey RA,* Methuen and Co., London, 1921; I. Spielmann, (comp) *International Fine Arts Exhibition Rome 1911, Souvenir of the British Section,* Ballantine Press. London, 1913; T.P Wiseman,. *A Short History of the British School at Rome,* British School at Rome, London, 1989; *Building News,* No 2933, Vol. 100, March 24 1911, p. 416; *Building News,* No 2968, Vol. 101, November 24 1911, p .722; *Architectural Review,* Vol. 31, June 1912, pp. 371-2; *The Builder,* Vol. 103, November 15 1912, pp. 563-6; *The Builder,* Vol. 108, April 9 1915, pp. 336-7; *The Builder,*Vol. 108, April 23 1915, p. 380; *The Architect and Contract Reporter,* Vol. 86, November 24 1911, pp. 308-10; *The Architect's Journal,* Vol. LVI 27 December 1922, pp. 903-5.

Those interested in the Board of Trade and the background to the Royal Commission set up to handle Britain's representation at the three exhibitions should consult the archives of the Board of Trade at Kew, London.

The archive of the British School at Rome contains correspondence and other material relating to the construction of the building (in particular files 90-100, 108 and 116), together with a number of Lutyens's drawings for the various schemes (currently undergoing restoration in London). Additional drawings are to be found in the RIBA Drawings Collection in London. Copies of some of the drawings and some documents relating to the building are to be found at the Archivio Capitolino in Rome: *Fondo, Ispettorato Edilizio, Prot 2621, 1915.* There also are the minutes of various meetings of the Consiglio Comunale di Roma at which the scheme was discussed.

NOTE BIBLIOGRAFICHE

Esistono varie fonti per ulteriori letture sulla vita e le opere di Edwin Lutyens, tra queste particolarmente rilevanti sono le seguenti: *Lutyens*, catalogo della mostra, Arts Council of Great Britain, London, 1981; A.S.G. Butler, *The Architecture of Sir Edwin Lutyens*, in 3 volumi, Country Life, London, 1950; C. Hussey, *The Life of Sir Edwin Lutyens*, The Antique Collectors Club, Woodbridge, 1989 (Country Life, 1950); M. Lutyens, *Edwin Lutyens by his Daughter,* John Murray, London, 1980; C. Percy and J. Ridley, *The Letters of Edwin Lutyens to his wife, Lady Emily,* Hamish Hamilton, London, 1988; M. Richardson, *Catalogue of the Drawings Collection of the Royal Institute of British Architects: Edwin Lutyens,* Gregg International Publishers Ltd, Farnborough, 1973.

Per l'Esposizione del 1911 a Roma, possono essere particolarmente utili: *Roma - Rassegna Illustrata della Esposizione del 1911,* giugno 1910-gennaio 1912; *Roma 1911*, catalogo della mostra, Roma, 1980. Per informazioni dettagliate sul padiglione britannico dell'Esposizione e la sua successiva trasformazione a sede della British School at Rome possono essere consultati: E.V. Lucas, *The Life and Work of Edwin Austin Abbey RA*, Methuen and Co, London, 1921; I. Spielmann (ed), *International Fine Arts Exhibition Rome 1911, Souvenir of the British Section,* Ballantine Press, London, 1913; T.P. Wiseman, *A Short History of the British School at Rome*, British School at Rome, London, 1989; *Building News,* No. 2933, Vol. 100, March 24 1911, p. 416; *Building News,* No. 2968, Vol. 101, November 24 1911, p. 722; *Architectural Review,* Vol. 31, June 1912, pp. 371-2; *The Builder,* Vol. 103, November 15 1912, pp. 563-6; *The Builder,* Vol. 108, April 9 1915, pp. 336-7; *The Builder,* Vol. 108, April 23 1915, p. 380; *The Architect and Contract Reporter,* Vol. 86, November 24 1911, pp. 308-10; *The Architect's Journal,* Vol. LVI, 27 December 1922, pp. 903-5.

Per chi sia interessato ad avere notizie sul Ministero del Commercio e sugli antefatti della Commissione Reale creata per la rappresentanza britannica alle tre esposizioni, può consultare l'archivio del Ministero del Commercio a Kew, Londra.

Nell'archivio della British School at Rome è conservata la corrispondenza, il materiale riguardante la costruzione dell'edificio (in particolare i contenitori 90-100, 108 e 116) ed alcuni disegni di Lutyens per i vari progetti, attualmente in restauro a Londra. Altri disegni sono conservati alla RIBA Drawings Collection di Londra. Alcune copie di disegni e documenti relativi all'edificio si trovano all'Archivio Capitolino a Roma: *Fondo, Ispettorato Edilizio, Prot. 2621, 1915,* dove si conservano anche i verbali di diverse riunioni del Consiglio Comunale di Roma che discusse il progetto.

STUDIO TIPOGRAFICO